CW01635749

LAROUSSE
Jardin & Cie

PLANTES EN POTS toute l'année

Édition originale
Cet ouvrage a été publié pour la première fois en 2008 sous le titre :
101 Ideas for Pots, Foolproof Recipes for Year-Round Colour
par BBC Books, une marque de Ebury Publishing,
un département de The Random House Group Ltd.

Photographies © Gardeners' World Magazine 2007
Édition Ceri Thomas
Maquette © Woodlands Books Ltd 2007

Édition française
Direction éditoriale Catherine DELPRAT
Édition Thierry OLIVAUX, assisté de Lucie DERUETTE
Traduction Catherine BRICOUT
Direction artistique Emmanuel CHASPOUL
Réalisation Belle Page, Boulogne
Couverture Véronique LAPORTE
Fabrication Annie BOTREL

ISBN 978-2-03-585721-7

PLANTES EN POTS toute l'année

LAROUSSE
PRATIQUE

21 rue du Montparnasse 75283 Paris cedex 06

Sommaire

Difficile d'obtenir un résultat plus instantané, ou une satisfaction plus immédiate, que dans la plantation d'une potée. En jardinerie, vous découvrirez un étalage somptueux de plantes pleinement épanouies qui, une fois groupées, sont du plus bel effet. Et si vous avez des envies de changement quelques semaines plus tard, vous pouvez remplacer ou ajouter des plantes très facilement.

Pour cet ouvrage, 101 idées originales de potées ont été choisies pour vous servir de source d'inspiration. Elles sont classées selon la saison de fleurissement pour vous permettre de planifier vos plantations et, afin de faire bonne mesure, quelques suggestions de potées annuelles ont été ajoutées ainsi que des compositions de plantes comestibles, comme le thym ou les capucines.

Les secrets de la réussite des potées résident dans la qualité du terreau, le matériel de drainage au fond du pot et le contrôle de l'arrosage. Ce n'est pas plus compliqué que ça ! De plus, vous trouverez des conseils pratiques à chaque page.

Que vous souhaitiez décorer un patio de plantes ou simplement ajouter des notes colorées près de votre porte d'entrée, vous trouverez au fil des pages une multitude d'idées pour égayer votre jardin tout au long de l'année.

L'entretien des potées

La composition de potées est très facile à réaliser grâce à ce livre car tous les sujets et les étapes nécessaires à leur élaboration sont décrits. La plantation en pot requiert toutefois quelques précautions particulières par rapport à la pleine terre. Voici donc quelques « règles élémentaires ».

Choisissez un pot de taille adaptée. Cela semble évident, mais on sous-estime souvent la croissance, ou plus rarement la faible croissance d'une plante en une saison de végétation. Il est essentiel d'évaluer les besoins d'une espèce végétale lors du choix du pot (certaines préfèrent être à l'étroit) et l'espace nécessaire au bien-être et au développement de tous les sujets réunis dans la potée. Si une composition est destinée à durer plus d'une saison, envisagez la taille de la plante à long terme ou gardez à l'esprit que vous devrez peut-être la rempoter. Si le contenant doit s'insérer à un emplacement précis, vérifiez que son volume est bien adapté à l'espace.

Avant tout, contrôlez le drainage du contenant. En dehors des plantes de marécage, tous les sujets en pot exigent un drainage adapté qui évite aux racines de baigner dans l'eau et d'être privées de l'oxygène indispensable à leur survie. Vérifiez donc que le pot choisi comporte des trous de drainage et, si ce n'est pas le cas, faites-les vous-même. Et, précaution supplémentaire contre l'excès d'humidité, étalez une couche de 2 à 3 cm de gravier, de pierre broyée ou de tessons au fond du pot.

Utilisez le bon terreau. La plupart des plantes prospéreront dans un terreau universel, mais choisissez un terreau riche en humus pour les arbres ou les arbustes qui séjourneront plus d'un an dans leur pot. Suivez les instructions figurant sur les étiquettes des plantes ou des graines car certaines ont des besoins spécifiques. Les plantes qui ne supportent pas les sols calcaires nécessitent ainsi de la terre de bruyère, les succulentes (ou plantes grasses) et les cactées ont leurs terreaux propres et les alpines (ou plantes de rocaille) exigent un sol très drainant obtenu par l'ajout de gravier horticole dans le terreau.

Les plantes en pot demandent plus d'entretien que lorsqu'elles évoluent en pleine terre. Lors de la préparation du substrat, incorporez un engrais à diffusion lente, comme de la poudre d'algues calcifiées, pour éviter les apports répétés. En outre, sachez que les légumes ou les variétés gourmandes telles que les clématites ont des besoins spécifiques.

Pour réduire les arrosages au cœur de l'été, incorporez des granulés rétenteurs d'eau à votre potée. Si vous vous absentez, investissez dans un arrosage à programmateur. Regroupez simplement vos pots, adaptez le tuyau au robinet, réglez le programmateur et insérez un goutteur dans chaque pot.

Baignez les plantes avant de les repiquer. Si vous créez une composition mélangée, il est prudent de disposer les plantes dans leur position finale avant de les dépoter. Commencez par emplir le contenant de terreau jusqu'au niveau du fond du pot le plus gros, puis disposez les plantes (toujours dans leur pot). Quand vous êtes satisfait de la composition, dépotez les plantes et emplissez les interstices de terreau. Tassez celui-ci, mais pas trop pour ne pas priver les racines de l'oxygène nécessaire à l'épanouissement de la plante. Terminez l'apport de terreau, jusqu'à 2 cm sous le rebord du pot pour pouvoir arroser.

Ces règles posées, passez à l'action et créez vos propres compositions sans attendre !

Beauté printanière

PÉRIODE DE PLANTATION : toute saison

Composition
1 azalée
3 campanules rampantes

Pot de 25 cm
Terre de bruyère

Les azalées (*Azalea*) apprécient les sols acides. Si la terre de votre jardin ne l'est pas, vous pourrez néanmoins jouir de ces plantes en composant une potée. Plantez-les simplement dans de la terre de bruyère et elles se sentiront très à l'aise. Choisissez le coloris de votre azalée dans une large palette de couleurs, du rouge profond au blanc pur, en passant par le orange et le jaune. Certaines variétés offrent même un merveilleux parfum épicé qui flotte dans l'air par les chaudes journées estivales. Notez que si certaines variétés gardent leurs feuilles toute l'année, d'autres sont caduques et les perdent en automne.

Pour égayer votre potée, entourez l'azalée de trois campanules rampantes (*Campanula*), à intervalles réguliers. Vous aurez également l'embarras du choix en matière de coloris car elles offrent diverses teintes de pourpre, de bleu ou de blanc. Plantées près du bord du pot, elles retomberont sur celui-ci et continueront à fleurir quand l'azalée sera fanée et resteront décoratives une bonne partie de l'été. Rabattez-les sévèrement si elles deviennent trop désordonnées.

CONSEIL

Les azalées supportent mal la sécheresse ; arrosez-les donc même quand elles ne sont pas en fleur. Utilisez de l'eau de pluie si possible, car l'eau du robinet contient du calcaire, ce que ces plantes acidophiles détestent. Arrosez régulièrement avec un engrais liquide pour plantes de terre de bruyère.

Vigueur tropicale

PÉRIODE DE PLANTATION : automne

Composition
2 heuchères
2 acores
4 violettes

Pot de 25 cm de diamètre

Faites votre choix dans la vaste palette de coloris des heuchères (*Heuchera*). Celles-ci gardent une belle allure toute l'année et prospèrent autant au jardin qu'en pot. Placez-les à l'arrière du pot et supprimez toutes les feuilles défraîchies. Remplacez la plante si, avec le temps, le centre commence à pousser en hauteur.

Les graminées sont une bonne option de décoration hivernale car nombre d'entre elles sont persistantes et offrent une structure intéressante. L'acore *Acorus gramineus* 'Ogon' est parfaitement rustique et elle est élégante toute l'année. Replantez-la dans un sol frais quand vous dépoterez votre composition.

Même si elles fleurissent occasionnellement pendant l'hiver, les violettes s'épanouissent pleinement au printemps. Plantez-les au premier plan du contenant, sous les heuchères et les acores ; elles resplendiront jusqu'à ce que le contenu du pot soit remplacé par des plantes à floraison estivale.

CONSEIL

Supprimez les fleurs des violettes au fur et à mesure qu'elles se fanent ; cela évitera la montée en graines et prolongera la période de floraison.

Soleil printanier

PÉRIODE DE PLANTATION : automne

Composition
2 pensées
2 thyms
3 lierres

Jardinière

Les variétés de pensées rustiques (*Viola* × *wittrockiana*) à floraison hivernale sont une option gagnante pour une potée d'hiver qui se prolonge jusqu'au printemps car elles sont rarement dépourvues de fleurs – même quand les autres plantes souffrent du froid. Supprimez les fleurs dès qu'elles sont fanées pour inciter la plante à en produire de nouvelles au lieu de fabriquer des graines.

Comme la plupart des herbes aromatiques, le thym (*Thymus*) est bien adapté à la culture en pot où la terre sèche plus vite du fait que tout le contenant est exposé à la chaleur. Nous avons choisi ici une variété à feuilles liserées d'or, nommée 'Archer Gold', qui fait écho aux pensées.

Assez résistant pour supporter les extrêmes du temps printanier, des températures les plus froides aux plus chaudes, le lierre (*Hedera*) est un beau sujet de potée et offre une multitude de variétés. Plantez-les sur le devant du pot de façon qu'ils retombent par-dessus le bord et que leur feuillage compose une toile de fond élégante pour les fleurs chaleureuses qui les dominent. Lorsque le lierre prend de l'expansion, accrochez votre jardinière en hauteur pour permettre à ses tiges de retomber.

CONSEIL

Une jardinière suspendue vous permet de cueillir du thym sans vous pencher et de profiter pleinement de cette composition ainsi mise en valeur.

Création acidulée

PÉRIODE DE PLANTATION : automne

Composition
4 tulipes
2 primevères
2 sauges communes
1 sarriette vivace
2 lierres
2 thyms
2 chèvrefeuilles
1 pin

Grande jardinière

Plantez les bulbes de tulipe (*Tulipa*) en automne ou achetez des plantes prêtes à fleurir au printemps et introduisez-les dans la composition. Les bulbes pourront être replantés pour l'année suivante.

À fleurs plus grandes que leurs parentes sauvages, ces primevères sélectionnées (*Primula*) créent une tache de couleur vive à cette période de l'année.

Ajoutez ensuite une variété de sauge commune, *Salvia officinalis* 'Icterina', dont la couleur s'harmonise avec le thème, et une autre merveilleuse herbe culinaire, le thym (*Thymus*).

Tout aussi parfumée que la sauge et le thym, la sarriette vivace (*Satureja montana*) est aussi bien venue en cuisine que dans cette composition et elle affiche de séduisantes fleurs bleu lavande en été.

Les tiges rampantes du lierre retomberont gracieusement à chaque extrémité de la jardinière. Les feuilles bicolores de cette variété rappellent ainsi les coloris des autres plantes.

Le plus souvent planté en haie, ce chèvrefeuille *Lonicera nitida* 'Baggesen' ajoute ici, à son stade juvénile, une note légèrement piquante à une potée.

CONSEIL

Bien que ce ne soit pas un sujet indispensable, la plantule de pin est un élément intéressant au centre de cette potée, d'autant qu'elle peut être replantée ensuite dans le jardin.

Riche tapisserie

Période de plantation : automne

Composition
1 canche flexueuse
2 thyms
2 fusains
2 pensées
2 Helichrysum italicum subsp. serotinum
2 lierres

Grande jardinière

La canche flexueuse (*Deschampsia flexuosa*) offre un feuillage fin et souple au printemps. Replantée ensuite dans le jardin, elle affichera des panicules d'épillets chatoyants qui dureront tout l'été.

Les variétés de thym à feuilles maculées d'or comme *Thymus vulgaris* 'Aureus', plantée ici derrière la canche flexueuse, sont idéales dans les thèmes colorés. Elles sont également excellentes dans la cuisine et aussi parfumées que les variétés à feuilles vertes.

Le fusain, *Euonymus fortunei*, est l'une des meilleures plantes à feuillage pour potée et garde son charme toute l'année ; il peut donc être transplanté de pot en pot au fil des saisons. Choisissez parmi les variétés à feuilles panachées d'or ou d'argent, et plantez un fusain de part et d'autre de la canche.

Deux pensées (*Viola*) à fleurs rouges apportent une somptueuse tache colorée dans ce thème de feuillages ; si le rouge ne vous plaît pas, la vaste gamme de couleurs disponibles vous laisse l'embarras du choix. Toutes les variétés fleurissent pendant des mois d'affilée.

Le feuillage argenté d'*Helichrysum italicum* subsp. *serotinum* est non seulement charmant, mais il dégage un parfum caractéristique de curry. Plantez un sujet à chaque extrémité de la jardinière, derrière un lierre rampant.

CONSEIL

Plantez toujours généreusement et accumulez les petites plantes pour créer un effet instantané, puis éliminez-en quelques-unes au fil de leur croissance pour fournir de l'espace aux autres.

Bleu explosif

PÉRIODE DE PLANTATION : automne

Composition
1 cordyline
1 lierre
1 sauge commune
1 Helichrysum italicum subsp. serotinum
2 pensées
1 primevère
1 chèvrefeuille

Grand pot profond

Les pointes élancées de la cordyline (*Cordyline*) sont un véritable feu d'artifice au milieu de ce pot. Les tiges rampantes du lierre au premier plan renforcent le dynamisme de cette composition.

Une sauge à feuilles pourprées (*Salvia officinalis* 'Purpurascens') blottie à côté de la cordyline est en harmonie avec le thème de couleurs de la potée. En outre, elle est aussi savoureuse que la variété commune et a belle allure toute l'année.

Contrepoint de la sauge de l'autre côté du pot, les feuilles argentées d'*Helichrysum italicum* subsp. *serotinum* dégagent un délicat parfum de curry.

Les pensées bleu pâle apportent une note colorée autour de la cordyline. Elles seront rarement dépourvues de fleurs d'ici à la fin de la saison.

À des années-lumière de la forme botanique à petites fleurs, une primevère hybride (*Primula*) est ravissante, nichée au premier plan de cette potée printanière. Supprimez les feuilles jaunissantes pour conserver son aspect soigné.

Les jeunes chèvrefeuilles, comme ce *Lonicera nitida* 'Baggesen's Gold', sont peu coûteux en jardinerie et parfaits pour les potées à leur stade juvénile. Taillez-le régulièrement pour conserver sa forme et sa taille compacte.

CONSEIL

Les jeunes arbustes présents ici sont parfaits en pot à leur stade juvénile ; ils prendront un nouveau départ quand vous les replanterez en pleine terre à la fin de la saison.

Jolies primevères

PÉRIODE DE PLANTATION : automne

Composition
3 primevères hybrides
3 Primula denticulata

Coupe large

Les primevères (*Primula*) comptent parmi les plantes à massif de printemps les plus prisées, pour leurs fleurs colorées aux teintes vives. Les meilleurs sujets sont ceux vendus en godets car ils ont généralement une motte de racines plus vigoureuse que ceux cultivés en barquettes. Supprimez les fleurs fanées et les feuilles jaunies.

Dès qu'elles fleuriront, vous comprendrez le sens du qualificatif *denticulata*, qui fait référence aux corolles de fleurs de ces primevères. Faites votre choix parmi les variétés à fleurs lilas ou blanches. Différents coloris sont mélangés ici pour dynamiser cette potée. En effet, du haut de leurs tiges, les fleurs semblent danser au-dessus des primevères hybrides.

Quand cette composition sera défraîchie, toutes les primevères trouveront leur place dans un endroit humide du jardin qu'elles coloniseront progressivement.

CONSEIL

Plantez un nombre égal des deux types de primevères et choisissez des couleurs en harmonie ou en contraste selon l'effet souhaité.

Feuillage frais

PÉRIODE DE PLANTATION : toute saison

Composition
1 hosta
1 fougère
1 Athyrium nipponicum
1 violette

Grand pot

Faites votre choix parmi les centaines de variétés colorées d'hostas (*Hosta*). Après la dormance d'hiver, les jeunes feuilles se déploient et révèlent leurs couleurs les plus vives. Les escargots et les limaces les trouvent également très séduisantes ; veillez donc à les protéger sous peine de voir au premier plan de la potée des napperons de dentelle.

N'importe quelle fougère verte fera l'affaire ici ; plantez-la à l'arrière du pot afin qu'elle oppose un contraste aux teintes des autres plantes.

L'une des fougères les plus colorées, *Athyrium nipponicum* 'Pictum' est particulièrement attrayante au printemps, quand ses jeunes frondes se déploient. Comparez les plantes avant de faire votre choix car certains sujets sont plus colorés que d'autres. Plantez-la sur le côté du pot, devant l'autre fougère qui mettra son feuillage en valeur.

Les violettes fleurissent tout au long du printemps et s'adaptent avec une incroyable facilité tant au type de sol qu'à une situation ombragée ou ensoleillée. Cette variété, *Viola sororia* 'Freckles' affiche des fleurs blanc moucheté de violet pourpre. Avec le temps, elle s'étalera et formera une grosse touffe, mais il est facile de la rabattre si elle prend trop d'envergure.

CONSEIL

Ces deux fougères prospéreront dans un coin ombragé du jardin quand elles auront passé la saison en pot.

Beauté des sous-bois

PÉRIODE DE PLANTATION : printemps

Composition
2 renoncules
1 violette
1 euphorbe des bois
1 hosta

Pot de 25 cm de diamètre

La renoncule (*Ranunculus*) est l'une des plantes à massif de printemps les plus somptueuses, avec ses sublimes fleurs soyeuses. Elle peut être obtenue par semis, mais si vous achetez de jeunes plantes, attendez qu'elles soient sur le point de fleurir de façon à choisir les plus belles couleurs.

Les fleurs des violettes (*Viola*), plus petites, en font une bonne alternative aux pensées si vous souhaitez une présence plus subtile au premier plan de la potée. Elles offrent une palette de couleurs tout aussi belle et nombre de variétés libèrent un parfum suave qui incite à se pencher sur leurs fleurs. Achetez les plantes ou semez-les.

Plante de sous-bois classique, l'euphorbe des bois (*Euphorbia amygdaloides*) prospère en situation semi-ombragée où elle se ressèmera et formera de vastes couvre-sols. Une jeune plante aux fleurs vert tilleul apportera une note verticale bienvenue dans une potée printanière.

Aussi décoratif en pot que dans une plate-bande, l'hosta (*Hosta*) est l'une des plantes à feuillage les plus polyvalentes. Faites votre choix dans l'immense gamme de couleurs, de tailles et de panachures de feuilles. Le spectacle est garanti du printemps à l'automne et les hostas réapparaissent tous les ans après la trêve hivernale.

CONSEIL

Pour que cette composition s'épanouisse, placez-la dans un endroit protégé des fortes pluies ainsi que des escargots et limaces.

Délice de narcisses

PÉRIODE DE PLANTATION : automne

Composition
10 narcisses
1 ficaire
2 corydales

Pot de 25 cm de diamètre

Des années de sélection ont abouti à la création d'une importante gamme de formes et de tailles de narcisses (*Narcissus*). Achetez vos bulbes en août ou en septembre, quand le choix est le plus vaste dans les jardineries. Plantez, en automne, un groupe de 10 bulbes de narcisse au centre du pot afin d'obtenir un bouquet de fleurs éclatantes.

Les ficaires que nous cultivons dans nos jardins ne sont que des sélections du type botanique qui colonisent les aires de terrain humide. Il existe de très belles formes, parmi lesquelles celles à fleurs doubles comme cette vivace *Ranunculus ficaria*, et d'autres qui affichent des feuilles colorées. Leur petite taille en fait des sujets idéaux de potée.

Corydalis flexuosa est une autre plante des bois bien adaptée à la culture en pot. Préférez des cultivars, tel 'Père David', car les couleurs des fleurs sont plus intenses. Si vous repiquez ce corydale dans une plate-bande, placez-le près d'une plante qui fleurit en été car ses feuilles se flétrissent naturellement après la floraison mais repartent en automne.

Ajoutez quelques pommes de pin au bord du pot pour combler les interstices de façon décorative.

CONSEIL

Les variétés naines de narcisses sont du meilleur effet dans une composition en pot car leur taille est adaptée au contenant. Après la floraison, vous pouvez les replanter dans le jardin ou les rempoter pour la prochaine composition.

Le temps des tulipes

PÉRIODE DE PLANTATION : automne

Composition
10 tulipes à floraison précoce
10 tulipes à floraison tardive
5 pensées

Pot de 30 cm de diamètre

Au début de l'automne, les jardineries sont de véritables cavernes d'Ali Baba en matière de bulbes de tulipe (*Tulipa*). Le choix de la couleur, de la taille et de la forme des tulipes est quasi-infini et vous permet de les assembler en harmonie ou en contraste selon votre fantaisie. Mieux vaut planter les tulipes en fin d'automne pour éviter le risque de la maladie appelée « feu de la tulipe ». Arrosez et faites des apports d'engrais à intervalles réguliers ; après la floraison, laissez les feuilles flétrir naturellement. Déterrez ensuite les bulbes pour les replanter en automne.

Peu de plantes égalent les pensées et les violettes en durée de floraison, à savoir pendant tout l'hiver et une bonne partie du printemps. Plantez-les sur le pourtour du pot pour qu'elles égaient la composition jusqu'à l'épanouissement des tulipes. Le secret d'une floraison permanente est de couper les fleurs dès qu'elles sont fanées pour éviter à la plante de monter en graines. La plupart des variétés offrent le charme supplémentaire d'un parfum suave qui flotte dans l'air par les journées chaudes.

CONSEIL

Associez des variétés de tulipes précoces et tardives afin de prolonger le plaisir.

Joyaux des bois

PÉRIODE DE PLANTATION : toute saison

Composition
1 Tiarella
1 cœur de Marie
1 myosotis du Caucase

Coupe large

D'abord confondue avec une heuchère pour ses feuilles séduisantes, *Tiarella* affiche des fleurs plus grandes que celles de cette proche cousine. Il existe de nombreuses variétés ; lorsque la potée est défraîchie, toutes peuvent être plantées dans un sol frais et ombragé où elles conserveront leur charme toute l'année.

Le nom commun de *Dicentra spectabilis*, cœur de Marie, reflète bien la forme parfaite de ses fleurs. Nous avons choisi ici la variété blanc pur qui domine les autres plantes en arrière-plan, mais vous préférerez peut-être une espèce rose, tout aussi charmante.

Les petites fleurs bleues de *Brunnera*, très proches de celles du myosotis, lui valent son nom commun de myosotis du Caucase, mais cette plante a l'avantage d'être vivace et de repousser année après année. Recherchez des variétés comme 'Jack Frost' dont les feuilles sont ornées de belles taches argentées contrairement au vert uni de la forme ordinaire. Dans le jardin, elle prospérera tant dans un sol sec que frais.

CONSEIL

Si vous faites vos plantations par temps froid, gardez cette potée dans un endroit abrité car le feuillage élégant de *Dicentra* est sensible aux gelées printanières.

Soleil couchant

PÉRIODE DE PLANTATION : printemps

Composition
3 renoncules
3 pensées

Jardinière

Parentes éclatantes du bouton d'or qui pousse dans nos pelouses, les renoncules des fleuristes (*Ranunculus asiatica*) sont des plantes à massif de printemps faciles à cultiver et particulièrement spectaculaires. Dans cette composition, nous avons choisi une variété à grosses fleurs doubles orange vif, mais vous trouverez une kyrielle d'autres couleurs (blanc, jaune, rose, rouge…) en jardinerie. Souvent d'ailleurs, les renoncules sont vendues en mélange de coloris.

Un tapis coloré de pensées (*Viola x wittrockiana*) à fleurs bleues met en valeur les renoncules qui dominent. Faites votre choix dans l'arc-en-ciel de couleurs offert par les pensées hybrides. Toutes fleuriront pendant des mois d'affilée. Semez-les ou achetez-les en godets en jardinerie.

En diversifiant les variétés, et selon les conditions climatiques, il est possible d'avoir des pensées quasiment toute l'année.

CONSEIL

Les fleurs de renoncule sont fragiles ; placez donc le pot dans un endroit abrité et protégez les fleurs des fortes pluies. Coupez-les quand elles sont fanées.

Flore de montagne

PÉRIODE DE PLANTATION : printemps

Composition
1 gazon d'Espagne
1 phlox
1 saxifrage

Pot mural

Dans la nature, on rencontre le gazon d'Espagne (*Armeria maritima*) sur les falaises côtières et les flancs de montagne ; le feuillage de cette petite plante résistante forme une touffe. Au centre de la composition, ses fleurs rose vif dansant au bout de longues tiges fournissent un point de mire à la fin du printemps et en été. Il existe également une jolie variété à fleurs blanches.

Les phlox alpins à port bas sont très différents de leurs imposants cousins qui peuplent les plates-bandes herbacées. Tout aussi charmants, ils se couvrent de fleurs qui tombent en cascade sur l'avant du pot de la fin du printemps au début de l'été. Comme les autres plantes de cette potée, ils prospèrent lorsqu'ils sont exposés au soleil. Nous avons choisi ici *Phlox douglasii* 'Lilac Cloud'.

La saxifrage forme des coussins compacts de feuilles d'où jaillissent des fleurs de couleurs vives au printemps. Faites votre choix entre les multiples coloris existants ; cette variété d'un rose profond est *Saxifraga* 'Triumph'.

CONSEIL

Les plantes alpines prospèrent dans des sols bien drainés ; plantez-les donc dans du terreau mélangé avec du sable et additionné de gravier horticole.

Terre d'ocre

PÉRIODE DE PLANTATION : printemps

Composition
3 molènes
3 fenouils violet bronze
3 à 5 orpins
5 Diascia barberae

Grand pot en terre

Les grands épis de fleurs cuivrées de la molène, *Verbascum* 'Helen Johnson', sont en position centrale. Ils se dressent au-dessus des autres plantes et introduisent un axe vertical dans cette potée. Ne coupez pas trop vite les fleurs fanées car les oiseaux se régalent de leurs graines à la fin de l'été et les épis auréolés de givre sont magnifiques.

De chaque côté de la molène, ajoutez un fenouil dont le feuillage plumeux violet bronze crée un contraste de texture et anime cette composition. Rabattez sévèrement ces plantes tous les ans, sous peine de les voir atteindre 1,80 m de haut.

Les orpins adoucissent le bord du pot. Nous avons mélangé les variétés rampantes *Sedum* 'Ruby Glow' pour ses feuilles vert pourpré et *Sedum* 'Vera Jameson' pour ses feuilles rose pourpré et ses fleurs rose tendre, mais vous préférerez peut-être plusieurs plantes d'une autre variété. Rabattez-les après la floraison pour conserver leur forme compacte.

La composition est complétée par les fleurs délicates de *Diascia barberae* 'Hopleys Apricot' qui ajoutent des taches colorées parmi les feuillages et se faufilent dans les orpins.

CONSEIL

Ces plantes sont vivaces et renaîtront d'année en année. Seules les *Diascia* sont éphémères et devront être remplacées tous les ans.

Éclat cuivré

PÉRIODE DE PLANTATION : printemps

Composition
1 coléus
2 dahlias nains

Pot de 25 cm de diamètre

Souvent confiné à l'intérieur, le coléus exhibe un feuillage remarquable et il est facile de l'obtenir par semis. *Solenostemon* 'Kong Mosaic' est particulièrement éclatant et ses grandes feuilles évoquent des vitraux. Cette plante produit des épis de petites fleurs bleues, mais vous pincerez les boutons au fur et à mesure de leur apparition pour favoriser la production de feuilles plus grandes et plus impressionnantes.

Vous pouvez compter sur les dahlias pour apporter un coup d'éclat à n'importe quelle composition et pour fournir une succession ininterrompue de fleurs. Nous avons opté ici pour *Dahlia* 'Redskin Mixed' dont le feuillage pourpre rougeâtre est un apport précieux. Coupez régulièrement les tiges des fleurs fanées pour favoriser la production de nouveaux boutons. La série Gallery offre également des dahlias très décoratifs pour les potées.

CONSEIL

Déterrez les tubercules de dahlias et mettez-les en hivernage dans un endroit abrité du gel. Vous les replanterez l'année suivante.

Gaieté estivale

PÉRIODE DE PLANTATION : printemps

Composition
1 hosta
2 impatiences
2 bugles

Pot large moyennement profond

La gamme des hostas offre une infinie diversité de formes, de tailles et de couleurs de feuilles. Ils sont du plus bel effet accompagnés de fleurs et feuillages colorés en sous-plantation. Pour éviter que les feuilles ne finissent en fine dentelle, protégez-les des limaces et des escargots. À la fin de l'été, les hostas peuvent être replantés dans une platebande où ils renaîtront à chaque printemps suivant.

Toutes les impatiences prospèrent à l'ombre. Pour l'effet le plus charmant, sélectionnez des variétés à feuilles colorées comme *Impatiens* 'Fiesta Ole Peppermint'.

Rustiques et excellents couvre-sols, les bugles se fraient un chemin sous les autres plantes et tapissent rapidement la surface du terreau. À la fin de l'été, ils peuvent être replantés dans le jardin où ils s'étaleront rapidement. Cette variété, disponible en jardinerie, est nommée *Ajuga* 'Golden Beauty'.

CONSEIL

Les impatiences sont trop frileuses pour vivre en extérieur toute l'année ; prélevez donc des boutures en été et cultivez-les sous abri en attendant de les replanter au printemps suivant.

Roses et compagnie

PÉRIODE DE PLANTATION : printemps

Composition
2 rosiers miniatures
1 rue
1 thym vert pâle
3 ails chinois
3 petites lavandes

Jardinière

Placez les deux rosiers à égale distance des extrémités de la jardinière. Pour prolonger la floraison, supprimez les fleurs dès qu'elles sont fanées et appliquez un engrais liquide toutes les trois semaines pendant la saison de végétation. Les rosiers sont souvent victimes de ravageurs tels que les pucerons, mais les autres plantes ont été soigneusement sélectionnées pour les tenir à distance.

La variété compacte de rue, *Ruta graveolens* 'Jackman's Blue', est du plus bel effet entre les rosiers pour la texture et la couleur de son feuillage aromatique d'un bleu-vert intense. Cette plante est rustique, mais en cas de problème, elle est facile à obtenir à partir de semis en extérieur au printemps. (Méfiez-vous de la sève qui peut provoquer des brûlures en cas de contact avec la peau.)

Le thym est connu et apprécié pour ses feuilles aromatiques. Optez ici pour une variété à feuillage vert clair, tel *Thymus pulegioides* 'Foxley'.

L'ail chinois (*Allium tuberosum*) apporte du dynamisme à cette composition ainsi qu'un feuillage aromatique qui éloigne les nuisibles.

Les lavandes apportent une touche argentée et un parfum délicatement ensoleillé.

CONSEIL

Les rosiers sont souvent assaillis par les pucerons mais ces derniers détestent les parfums forts. Par conséquent, les plantes parfumées de cette potée les tiendront à l'écart, mais vous obtiendrez le même résultat avec n'importe quelle association d'herbes ou d'autres plantes très odorantes.

Velours rouge

PÉRIODE DE PLANTATION : printemps

Composition
4 Pelargonium regale
4 à 6 trèfles blancs
3 Alonsoa meridionalis
3 Zaluzianskya ovata

Grande coupe en terre cuite

Les grands pétales cramoisis de *Pelargonium grandiflorum* 'Chocolate' apportent à cette potée leur velours rouge profond. Il existe de multiples *Pelargonium regale* dans ce ton de rouge, dont le célèbre 'Lord Bute' qui donnerait une tonalité plus rose qu'orangée à la composition. Entretenez la floraison tout au long de l'été en coupant régulièrement les fleurs fanées. Ces plantes étant plutôt frileuses, prélevez des boutures au printemps ou en fin d'été.

Les taches rouge bordeaux sur les feuilles de *Trifolium repens* 'Dragon's Blood' répondent au rouge sombre des pélargoniums. Cette plante aura joyeusement envahi le pot avant la fin de l'été ; taillez-la donc pour la maîtriser mais laissez-la ensuite se développer librement pour qu'elle se ressème spontanément pour l'année suivante.

Alonsoa meridionalis 'Fireball' jaillit de cette composition comme les étincelles d'un feu de joie et apporte des notes colorées éclatantes parmi les feuillages et les tons plus profonds. Cette vivace est le plus souvent cultivée en annuelle et vous pouvez la semer en extérieur à la fin du printemps.

Zaluzianskya ovata, plantée sur le pourtour de la coupe, adoucit les couleurs vives. Ses délicates fleurs étoilées teintées de rose s'étaleront et retomberont pardessus le bord au fil de l'été.

CONSEIL

Supprimez les fleurs fanées des pélargoniums et taillez les autres plantes qui s'étaleront assez rapidement une fois établies, afin de maintenir un aspect soigné et de les inciter à fleurir.

Enivrante grimpante

PÉRIODE DE PLANTATION : printemps

Composition
1 jasmin étoilé
1 verveine
1 heuchère
2 thyms

Grand pot profond
Juteur

Le jasmin étoilé, *Trachelospermum jasminoides*, est une superbe grimpante au parfum suave qui donne sa dimension verticale à la potée. Guidez les tiges le long d'un support décoratif. Il est trop frileux pour rester en extérieur toute l'année dans la plupart des jardins ; la culture en pot est donc la solution idéale car il vous suffit de le rentrer à l'intérieur quand le froid arrive. Pour conserver une belle silhouette, rabattez les pousses indisciplinées au début du printemps.

Les verveines (*Verbena*) sont précieuses car elles se faufilent parmi les autres plantes et retombent le long du pot. Dans la présente composition, il s'agit d'une variété pourpre, mais vous avez un large choix de coloris. Semez-les au printemps ou achetez de jeunes plantes à la jardinerie.

Heuchera 'Silver Scrolls' est une des multiples variétés d'heuchères. La plupart offrent des teintes de pourpre ou de bronze, mais vous trouverez également des feuillages fortement marqués comme celui-ci. Toutes peuvent être repiquées par la suite dans le jardin, où elles prospéreront aussi bien au soleil qu'à l'ombre.

Frottez les feuilles de n'importe quel thym pour libérer son délicieux parfum. Cette forme panachée d'argent est aussi jolie que sa fragance est plaisante, et les feuilles peuvent être utilisées à des fins culinaires.

CONSEIL

Achetez un thym supplémentaire pour renforcer le parfum de cette potée. Prélevez des boutures en été pour obtenir de nouveaux sujets, puis repiquez-les dans du terreau graveleux.

Couleurs tropicales

PÉRIODE DE PLANTATION : printemps

Composition
1 lantana
1 fuchsia
1 Isotoma

Grand pot

Le lantana (*Lantana*) est surtout connu pour ses fleurs multicolores tout au long de l'été. Le feuillage plissé aromatique dégage un parfum musqué. Méfiez-vous si vous avez la peau sensible, car il peut provoquer des irritations. Rabattez les plantes au printemps si elles commencent à prendre trop d'envergure.

Les *Fuchsia* 'Thalia' sont une alternative élégante à leurs cousins plus colorés ; leurs minces fleurs vermillon pendent en bouquets délicats à l'extrémité des tiges. Placez-le à l'arrière de la composition de façon qu'il domine les autres plantes et qu'il soit bien visible. Comme la majorité des *Fuchsia*, cette plante est frileuse et il est prudent de prélever des boutures en été pour les cultiver sous abri en hiver.

Également connue sous le nom de *Solenopsis*, *Isotoma* offre une explosion de fleurs étoilées qui se mélangent aux autres plantes et les font ressortir à la perfection. Supprimez les fleurs dès qu'elles sont fanées pour inciter la plante à en produire davantage. Si vous ne trouvez pas d'*Isotoma*, une lobélie ou une *Scaevola* bleue rampante composeront une association de couleur tout aussi réussie.

CONSEIL

Ces plantes prospèrent au soleil et dureront plusieurs années si elles hivernent en intérieur.

Bleu dominant

PÉRIODE DE PLANTATION : printemps

Composition
2 grandes agapanthes

Grand pot carré en terre

Cette potée est la preuve que des compositions très simples peuvent être spectaculaires. Les fleurs gracieuses de l'agapanthe (*Agapanthus*) dansent en effet sublimement à l'extrémité de tiges délicates. Si ces plantes semblent être le summum de l'élégance, elles sont aussi très faciles à cultiver.

C'est en pot que l'agapanthe se développe le mieux, mais la floraison est plus abondante si elle est légèrement à l'étroit dans le contenant ; plantez-la donc dans un pot plus petit que celui que vous attribueriez à un autre type de plante de taille comparable. Placez la potée en plein soleil et appliquez un engrais riche en potassium, comme un engrais pour tomates, toutes les deux semaines pendant la saison de végétation.

L'agapanthe risque de dépérir par temps froid ; transférez donc le contenant dans un endroit abrité et protégez le collet des plantes d'un paillis de cendre ou de paille.

L'agapanthe peut mettre deux ou trois années à s'établir, mais laissez-lui le temps et vous serez récompensé par une profusion de fleurs.

CONSEIL

Il n'est pas nécessaire de mettre d'autres plantes au pied des agapanthes, pour deux raisons. D'une part ces plantes à l'abondant feuillage rubané se suffisent à elles-mêmes, d'autre part elles n'apprécient guère la compétition des autres espèces végétales pour les éléments nutritifs.

Pourpre éclatant

PÉRIODE DE PLANTATION : printemps

Composition
1 Pittosporum
1 Scaevola
1 pélargonium
1 Astelia
1 heuchère

Grand pot

Avec ses feuilles lustrées teintées de bronze, *Pittosporum tenuifolium* 'Tom Thumb' est l'une des variétés les plus séduisantes de cet arbuste persistant. Plantez-le à l'arrière du contenant ; 'Tom Thumb' étant une variété naine, il ne dépassera pas 90 cm de haut.

Les fleurs pourpres de *Scaevola* rampent et couvrent le bord du pot. La méthode la plus simple pour multiplier cette plante frileuse consiste à prélever des boutures en fin de printemps ou en été et de les cultiver sous abri pendant les mois les plus froids.

Dans une potée où le feuillage joue un rôle important, les pélargoniums lierre à fleurs rose lilacé sont parfaitement adaptés. Pour que la floraison se prolonge tout l'été, coupez les fleurs fanées et appliquez un engrais pour tomates une fois par semaine.

Les feuilles écailleuses d'*Astelia* composent une toile de fond délicate dans cette potée. Cette plante originaire de Nouvelle-Zélande n'est pas très rustique sous nos climats ; rentrez-la à l'intérieur pour l'hiver. À défaut d'*Astelia*, cherchez une graminée de couleur bronze, par exemple *Carex flagellifera*.

En harmonie avec la teinte argentée de l'*Astelia*, *Heuchera* 'Silver Scrolls' est le trait d'union de cette potée. Il existe plusieurs variétés d'aspect similaire qui peuvent être plantées ensuite dans un endroit ensoleillé ou partiellement ombragé.

CONSEIL

Égayez votre patio et peignez le pot avec le coloris de votre choix en créant un contraste avec les plantes choisies.

Mauve métallique

PÉRIODE DE PLANTATION : printemps

Composition
1 grand ou 3 petits liserons
1 grande ou 3 petites giroflées
2 lavandes papillon
3 Bacopa

Cache-pot métallique

La pièce centrale de cette composition est le liseron à feuillage argenté *Convolvulus cneorum*. Il garde tout son charme même lorsque ses fleurs blanches en cloche sont fanées car ses feuilles argentées continuent à luire au soleil. Ces plantes sont parfaitement adaptées à la culture en pot, notamment parce qu'elles supportent mal les hivers froids et humides. Mieux vaut donc les placer à l'abri.

Placée en arrière-plan, la giroflée *Erysimum* 'Bowles Mauve' structure cette potée avec ses tiges délicates ornées de fleurs mauves qui dominent les autres plantes. Taillez légèrement la plante après la floraison pour éviter qu'elle ne pousse trop en hauteur et pour stimuler la croissance de fleurs. Cette vivace persistante peut être multipliée à partir de boutures de bois vert au printemps ou en été.

La lavande papillon (*Lavandula stoechas*) fait écho au thème pourpre et équilibre la composition, de part et d'autre du liseron. Son parfum délicat attire les papillons lors des belles journées d'été.

La potée est parachevée par des *Bacopa* qui tombent en cascade, adoucissant ainsi le bord métallique du cache-pot.

CONSEIL

Toutes ces plantes prospèrent au soleil dans un sol très bien drainé. Choisissez donc l'emplacement de la potée avec soin et ajoutez du gravier dans le terreau pour améliorer le drainage.

Épis et épines

PÉRIODE DE PLANTATION : printemps

Composition
3 Ptilostemon diacantha
3 Stipa arundinacea
3 Sisyrinchium striatum
2 ou 3 hémérocalles jaunes ou orange

Pot rectangulaire haut, galvanisé

Les teintes argent et vert foncé de *Ptilostemon diacantha* donnent la tonalité de cette potée. Si vous ne pouvez vous procurer cette variété, optez pour un chardon bleu (*Eryngium*), par exemple. Protégez vos mains de leurs épines lors de la plantation et placez le bac à l'écart du passage.

Stipa arundinacea introduit une texture souple dans cette composition. Cette graminée persistante change de couleur en fonction des saisons : ses feuilles vert brunâtre virent à l'orange en fin d'été, les fleurs vert pourpré apparaissent en automne avant que l'hiver ne l'habille d'un gel scintillant.

Les feuilles lancéolées rayées de crème de *Sisyrinchium striatum* retombent, dominées par de minces épis de fleurs jaunes en trompette tout au long de l'été.

Pour multiplier cette plante, divisez-la au début du printemps ou semez au printemps ou en automne.

Les hémérocalles apportent une merveilleuse tache de couleur. Les fleurs ne durent qu'un jour ou deux mais elles se succèdent rapidement de la fin du printemps à l'automne. Pour cette composition, choisissez *Hemerocallis lilioasphodelus* pour ses fleurs jaunes très parfumées parmi les nombreuses couleurs existantes.

CONSEIL

Quand vous utilisez ce type de contenant métallique, protégez les plantes des températures extrêmes ; tapissez le pot de plastique à bulles ou de polystyrène, quasiment jusqu'à la surface du terreau, avant de planter vos sujets.

Chaleur tropicale

PÉRIODE DE PLANTATION : printemps

Composition
1 broméliacée
1 balisier
2 impatiences de Nouvelle-Guinée

Grand pot carré

Bien que généralement cultivées en intérieur, de nombreuses broméliacées (telle la *Guzmania* choisie ici) peuvent passer l'été en extérieur. Elles offrent une large palette de couleurs et de silhouettes, et forment des rosettes de solides feuilles cireuses. La plupart des broméliacées produisent une tige centrale robuste terminée par une inflorescence entourée de bractées éclatantes. Cette plante mérite donc sa position centrale dans la potée.

Prisé pour ses feuilles impressionnantes vivement panachées et pour ses fleurs exubérantes aux teintes incandescentes, le *Canna*, ou balisier, est un symbole tropical par excellence. Plantez-le à l'arrière du pot pour apporter une dimension verticale à cette composition.

L'impatience de Nouvelle-Guinée est un hybride qui offre une large palette de couleurs florales éclatantes associées à des feuillages unis colorés ou panachés. Elle est fiable et facile à cultiver en pot, en intérieur comme en extérieur. Elle prospère au soleil autant qu'à l'ombre et fleurit tout au long de l'été. Plantez au pied du balisier et de la broméliacée deux variétés d'impatience aux tons radieux pour dynamiser la potée.

CONSEIL

Les *Guzmania* et les *Canna* ne sont pas totalement rustiques. Elles doivent donc hiverner dans un endroit protégé du gel.

Feuillage opulent

PÉRIODE DE PLANTATION : printemps

Composition
2 pélargoniums
1 ricin
3 lis
1 Helichrysum petiolare

Très grand pot

Deux pélargoniums vigoureux à feuillage décoratif forment la colonne vertébrale de cette composition. Nous avons choisi 'Black Jubilee' et 'Pink Happy Thought', mais les jardineries proposent une vaste gamme de variétés du même style. Tous les pélargoniums peuvent être multipliés à partir de boutures prélevées en été et cultivées sous abri en hiver.

Les grandes feuilles palmatilobées du ricin introduisent une note spectaculaire dans la potée. *Ricinus communis* 'Carmencita' est une variété particulièrement séduisante avec son feuillage rouge bronze. Toutes les espèces de *Ricinus* sont faciles à obtenir à partir de semis au printemps. Rempotez les plantules dans des contenants plus grands au fil de leur croissance avant de les repiquer en pleine terre en fin de printemps.

Les lis (*Lilium*) se fanent plus vite que les autres plantes de la potée et leur présence à l'arrière-plan est donc temporaire. Le parfum somptueux des variétés orientales comme 'Aubade' compense largement leur caractère éphémère.

Les tiges argentées d'*Helichrysum petiolare* rampent à leur gré entre les autres plantes et par-dessus le bord du pot. Si la plante prend trop d'envergure, rabattez-la simplement et elle repartira bientôt. Il existe également une forme à feuilles jaunes nommée 'Aureum' de cette belle plante à feuillage décoratif.

CONSEIL

Les lis fanant avant les autres plantes de cette composition, repiquez-les donc dans des pots en plastique que vous enterrerez dans le contenant et que vous retirerez facilement à la fin de la floraison.

Nuage rose

PÉRIODE DE PLANTATION : printemps

Composition
2 Argyranthemum
1 verveine
3 némésias

Grand pot carré

L'*Argyranthemum* 'Summit Pink', rose pâle, structure cette composition mais n'importe quelle variété de cette plante fiable offrira un spectacle exceptionnel. Prélevez des boutures en été pour la cultiver sous abri en hiver.

La verveine propose une large gamme de couleurs, entre autres pêche, rouge et pourpre, et c'est aussi l'une des plantes les mieux adaptées à la culture en pot. Optez pour *Verbena* 'Lanai Bright Pink', ou pour un autre cultivar parmi la multitude de variétés en vente dans les jardineries, sous forme de graines ou de plantes.

Le port semi-rampant des némésias adoucit le bord de la potée, comme ici avec *Nemesia* 'Blue Lagoon'. Mais, une fois encore, de nombreuses variétés s'offrent à vous, dans des coloris variés (orange, rouge, jaune, blanc ou rose), souvent en mélanges. Toutes ont une floraison abondante dont vous profiterez tout au long de l'été.

CONSEIL

Cette potée est rayonnante lorsqu'elle est exposée au soleil. Appliquez un engrais pour tomates une fois par semaine pour favoriser une floraison abondante.

Thème subtil

PÉRIODE DE PLANTATION : printemps

Composition
3 laîches
2 Dichondra
1 Rhodochiton

Grand bac rectangulaire profond

Les graminées font de superbes plantes en pot où leur feuillage remarquable est un précieux faire-valoir pour les autres espèces végétales. Le coloris de cette laîche bronze, *Carex comans* 'Bronze Form' rehausse merveilleusement un contenant en cuivre. À la fin de l'été, ces plantes peuvent être déterrées et repiquées dans le jardin, et notamment au soleil.

Parfaites pour adoucir les lignes d'un bac profond, les tiges rampantes de *Dichondra* 'Silver Falls' cascadent jusqu'au sol. Si vous ne pouvez vous procurer de *Dichondra*, remplacez-les par *Helichrysum petiolare*, plus courant.

Une grimpante est précieuse pour contrebalancer la hauteur d'un pot comme celui-ci et *Rhodochiton atrosanguineus* est une grimpante frileuse spectaculaire, originaire du Mexique. Un simple tipi de cannes de bambou est parfait pour soutenir les tiges ; mais un treillage ou un obélisque en métal peuvent aussi fonctionner. *Rhodochiton* peut être obtenu à partir de semis en début de printemps ; vous pouvez aussi l'acheter en jardinerie.

CONSEIL

Les plantes de cette potée prospèrent au soleil et supportent mal une humidité excessive ; répartissez donc du gravier à la surface du terreau.

Charme rustique

PÉRIODE DE PLANTATION : printemps

Composition
1 bégonia
1 pélargonium

Pot de 25 cm de diamètre

Les bégonias à feuillage coloré, à l'instar de *Begonia rex* 'Midnight Magic' aux feuilles délicatement ourlées de rouge (ici à l'arrière-plan), sont le plus souvent considérés comme des plantes d'intérieur, mais ils sont également très appréciés dans les potées estivales ; il faudra toutefois les protéger du soleil direct.

On pense généralement aux pélargoniums pour leurs fleurs, mais nombre de variétés offrent un feuillage tout aussi séduisant. C'est le cas de 'Meadowside Midnight', dont les feuilles dentées sont bronze bordées de vert. Cette variété est également très florifère, si bien qu'on le voit rarement dépourvu de ses délicates fleurs orange.

CONSEIL

L'idéal pour ce thème de plantation peu élaboré est de choisir un contenant simple. La présente composition a été réalisée dans une baratte en bois, achetée chez un brocanteur.

Au fil de l'été

PÉRIODE DE PLANTATION : printemps

Composition
1 Aster
2 Calibrachoa
2 pélargoniums
1 heuchère

Grand pot

Les charmantes petites fleurs capitulées des asters (*Aster*) offrent une toile de fond permanente qui égaie la composition quand les autres plantes commencent à perdre de leur éclat à la fin de l'été et au début de l'automne. Pour une potée, cherchez une variété naine comme 'Alice Haslam' car les grandes variétés peuvent atteindre 1,50 m.

Calibrachoa 'Million Bells' ressemble à un pétunia miniature. Les fleurs mesurent 2 cm de diamètre, mais compensent leur petite taille par une profusion colorée ininterrompue pendant plusieurs mois. La variété plantée ici est de teinte cerise, mais la palette des couleurs est vaste.

Fidèles compagnons estivaux, les pélargoniums fleurissent régulièrement tant qu'on supprime les fleurs fanées. Vous avez le choix entre des centaines de variétés. Il existe toutes sortes de couleurs de fleurs et de feuilles. Pour les multiplier, prélevez des boutures en été que vous cultiverez sous abri en hiver.

L'heuchère (*Heuchera*) est l'une des plantes à feuillage décoratif les plus polyvalentes. Elle est donc très appréciée pour les potées comme pour les plates-bandes, d'autant qu'elle conserve ses feuilles colorées toute l'année. La variété représentée ici est 'Ebony and Ivory', mais vous avez le choix entre de multiples cultivars, tous aussi beaux les uns que les autres.

CONSEIL

Toutes ces plantes poursuivront leur vie avec bonheur en pleine terre ; repiquez-les à un emplacement ensoleillé quand la potée sera défleurie.

Fusion instantanée

PÉRIODE DE PLANTATION : printemps

Composition
2 Suzanne aux yeux noirs
5 Sanvitalia

Grand pot

La plupart des Suzanne aux yeux noirs (*Thunbergia alata*) offrent des fleurs orangées (sauf le cœur tubulaire, brun chocolat, grâce auquel elles doivent leur nom évocateur), mais vous trouverez également des variétés plus claires, comme celle-ci. Originaires d'Afrique du Sud, les *Thunbergia* sont des plantes vivaces vigoureuses et volubiles. Guidez-les le long d'un tipi, celui-ci sera bientôt caché par les fleurs. Vous pouvez acheter les plantes dans une jardinerie ; mais il est également facile de les obtenir par semis au printemps.

Trop méconnue, la *Sanvitalia*, originaire d'Amérique centrale et du sud des États-Unis, mérite d'être recherchée dans les jardineries. La variété 'Little Sun' tombe ici en cascade sur le pot et le couvre de petites fleurs capitulées jaune vif à cœur verdâtre. Elle fleurit sans interruption du début de l'été aux premières gelées automnales.

CONSEIL

Le tipi le long duquel grimpent les Suzanne aux yeux noirs permet d'attirer le regard vers le haut et de faire paraître beaucoup plus grand un petit espace.

Orange et citron

PÉRIODE DE PLANTATION : printemps

Composition
2 Osteopermum
1 Helichrysum petiolare
1 lantana

Grand pot

Mieux connus pour des coloris comme les roses ou les pourpres, les *Osteospermum* offrent aussi des couleurs d'agrumes comme 'Orange Symphony' et 'Lemon Symphony'. Quel que soit votre choix, supprimez régulièrement les fleurs fanées pour prolonger la floraison.

Les feuillages décoratifs ont autant d'importance que les fleurs dans une belle potée ; en effet, ils fournissent une masse colorée permanente au fil de l'été, même quand les fleurs ont commencé à se faner. Cet *Helichrysum petiolare* 'Limelight' aux feuilles duveteuses vert pâle a une croissance vigoureuse. Taillez-la dès que nécessaire pour l'empêcher d'étouffer les autres plantes.

Lantana camara est un arbuste frileux aux fleurs fascinantes qui changent de couleur en fonction de son évolution et créent un bel effet multicolore. Cependant, manipulez la plante avec précaution si vous avez la peau sensible car le feuillage peut provoquer des irritations.

CONSEIL

Ces plantes prospèrent au soleil. Elles sont particulièrement adaptées à la culture en pot car elles supportent de ne pas être arrosées régulièrement.

Cocktail pétillant

PÉRIODE DE PLANTATION : printemps

Composition
2 bidents
1 Osteopermum
1 lantana
5 pavots de Californie
1 pourpier potager

Grand pot

Les tiges rampantes et les fleurs étoilées jaune vif de *Bidens ferulifolia* en font un sujet de choix pour les pots et les suspensions. Elle est facile à obtenir à partir de semis sous abri au printemps.

Osteospermum 'Malindi', placé au centre de la composition de couleur pourpre est radieuse. Elle fleurira tout au long de l'été, notamment si vous supprimez régulièrement les fleurs défraîchies. Prélevez des boutures en été et cultivez-les sous abri en hiver.

Cherchez une forme de *Lantana camara* à fleurs jaunes en complément des autres couleurs de la potée. Portez des gants lorsque vous manipulez cette plante car son feuillage aromatique peut provoquer des irritations sur les peaux sensibles.

Les pavots de Californie (*Eschscholtzia californica*) sont des annuelles éphémères mais, plantés en nombre, ils combleront les trous au début de l'été. Nous avons choisi 'Thai Silk Lemon Bush', mais il existe de nombreuses variétés. Semez-les au printemps dans des godets en fibre de coco.

Facile à obtenir à partir de semis, le pourpier potager (*Portulaca oleracea*) est une annuelle à feuilles charnues qui prospère en conditions sèches et ne sera donc pas perturbée par un arrosage irrégulier. Sa production de fleurs soyeuses sera abondante au soleil.

CONSEIL

La majorité de ces plantes s'obtiennent par semis. Repiquez-les dans des godets en fibre ; vous les transplanterez ensuite dans le contenant sans abîmer les racines.

Reflets d'argent

PÉRIODE DE PLANTATION : printemps

Composition
3 Osteopermum
3 Helichrysum mycrophyllum
3 verveines

Grande auge

Un trio d'*Osteospermum* crème à fleurons spatulés compose un arrière-plan qui accroche le regard. La variété choisie est *Osteospermum* 'Nasinga Cream' mais vous trouverez beaucoup d'autres variétés séduisantes en jardinerie. Supprimez les fleurs fanées afin de prolonger la floraison.

Les petites feuilles argentées d'*Helichrysum microphyllum* retombent sur le devant du pot. Cette plante à feuillage d'ornement supporte des périodes de temps chaud et sec. Si elle prend trop d'ampleur, rabattez les pousses superflues ; elle ne tardera pas à en produire de nouvelles.

Les fleurs de la verveine (*Verbena*) ressortent merveilleusement sur le feuillage argenté d'*Helichrysum*. 'Blue Cascade' est l'une des nombreuses variétés que proposent couramment les jardineries. Vous pouvez l'obtenir par semis au printemps ou acheter de jeunes plantes.

CONSEIL

Ce thème dans les tons argent, crème et mauve, est particulièrement mis en valeur par un pot en métal. L'ensemble introduit une note étincelante dans un coin ensoleillé.

Culte du soleil

PÉRIODE DE PLANTATION : printemps

Composition
1 eucalyptus de Gunn
1 coléus
1 Salvia patens
1 Gazania
1 pélargonium

Grand pot

Si, livré à lui-même, *Eucalyptus gunnii* se développe en donnant un bel arbre majestueux, il fait aussi un splendide arbuste au feuillage gris métal. Plantez-le à l'arrière du pot et rabattez-le au pied à chaque printemps pour l'inciter à produire de nouvelles tiges vigoureuses.

Maintenant mieux connu sous le nom de *Solenostemon*, le coléus est très facile à cultiver en pot en extérieur. Nous avons choisi *Solenostemon* 'Peter Wonder' mais la gamme est immense et chaque variété affiche un feuillage vivement coloré.

Parmi des feuillages si colorés, il est bon d'introduire quelques fleurs éclatantes. Et le bleu intense de la sauge *Salvia patens* est unique en la matière. Cette plante frileuse doit être rentrée à l'intérieur en hiver ou multipliée par semis à chaque printemps.

Les feuilles lancéolées grises de *Gazania* couvrent le bord du pot et mettent en valeur ses petites fleurs capitulées aux couleurs vives. Vous obtiendrez facilement cette plante par semis en début de printemps ou achetez de jeunes plants.

Bien qu'ils soient principalement cultivés pour leurs fleurs lumineuses, nombre de pélargoniums offrent également des feuilles colorées aux formes élégantes. Certaines variétés sont même parfumées et les feuilles froissées exhalent des arômes de citron ou de menthe.

CONSEIL

Les fleurs de *Gazania* exigent le plein soleil pour s'épanouir pleinement ; placez donc le pot à un endroit adapté pour obtenir le plus bel effet.

Vert estival

PÉRIODE DE PLANTATION : printemps

Composition
1 pélargonium
1 bident
1 coléus
2 pensées

Grand pot carré

Les pélargoniums à feuillage parfumé ajoutent le plaisir esthétique à la qualité aromatique. Choisissez une plante à feuilles colorées qui sera belle tout au long de l'année et placez-la à l'arrière du pot. Optez pour 'Annsbrook Beauty' qui fleure bon le citron ou pour 'Chocolate Peppermint', aux feuilles marquées de brun au centre, dont le nom décrit bien le parfum.

Peu de plantes offrent plus belle explosion de charmantes fleurs jaunes en été que le bident (*Bidens*). Cette espèce vigoureuse grimpera parmi les autres plantes et comblera les espaces entre les feuilles. Si vous ne trouvez pas de bident en jardinerie, il vous sera facile de les obtenir par semis au printemps.

La large gamme de couleurs foliaires du coléus (*Solenostemon*) offre de multiples possibilités de contraste avec les autres plantes. Achetez-les en jardinerie ou semez-les au printemps. Supprimez tous les bourgeons floraux dès leur apparition car ils détournent la sève des feuilles.

Les pensées (*Viola*) sont couramment utilisées dans les potées hivernales, mais elles continuent à fleurir une bonne partie de l'été. Faites votre choix dans la palette de couleurs et achetez de jeunes plantes ou semez-les. Supprimez les fleurs dès qu'elles sont fanées afin de prolonger la floraison.

CONSEIL

Taillez régulièrement les pélargoniums à feuillage parfumé pour favoriser la production de nouvelles pousses et conserver des plantes compactes dans cette composition.

Beauté exotique

PÉRIODE DE PLANTATION : printemps

Composition
1 coléus
1 némésia
2 impatiences de Nouvelle-Guinée

Grand pot

Pour obtenir un bel effet et une note tropicale dans votre patio, optez pour *Solenostemon* 'Kong Scarlet' aux énormes feuilles colorées. Gardez-le à l'intérieur jusqu'à ce que tout risque de gelée soit écarté, en mai ou juin. Les limaces et les escargots adorent les coléus ; placez donc une bande de cuivre autour de la plante ou badigeonnez le haut du pot de vaseline pour interrompre leur périple gluant.

Bien qu'ils n'aient pas été cultivés pendant longtemps, les *Nemesia* méritent l'estime du jardinier car ils fleurissent longuement. De nombreuses variétés offrent des fleurs parfumées. Le némésia se mêle ici subtilement aux autres plantes et atténue l'aspect imposant de leurs feuilles et de leurs fleurs.

Plus volumineuse que l'impatience commune (*Impatiens*), l'impatience de Nouvelle-Guinée allie de grandes et belles fleurs à un feuillage décoratif. Elle est idéale pour un coin ombragé.

CONSEIL

Arrosez régulièrement cette potée car l'impatience de Nouvelle-Guinée se dessèche vite, mais elle se remet aussi rapidement après un bon arrosage. Appliquez un engrais pour tomates.

Court et en brosse

PÉRIODE DE PLANTATION : printemps

Composition
1 Ageratum
3 œillets
3 Ophiopogon planiscapus

Coupe large, ou pot large et peu profond

Placez un *Ageratum* au centre de la composition, mais préférez une variété naine comme 'Blue Danube' qui correspond à la taille des œillets et de *Ophiopogon planiscapus*. Cette plante à massif frileuse peut être jetée à la fin de l'été et remplacée tous les ans.

La variété d'œillet utilisée dans cette potée, *Dianthus* 'Mendlesham Minx' offre des fleurs bordeaux et blanc très parfumées. Il existe une multitude de variétés, mais toutes ne sont pas aussi parfumées ; vérifiez donc soigneusement l'étiquette avant l'achat. Coupez les fleurs fanées pour encourager la poursuite de la floraison.

Rares sont les plantes aussi proches du noir que *Ophiopogon planiscapus* 'Nigrescens'. Ses feuilles rubanées sont le pendant idéal du feuillage argenté, de forme proche, des œillets. Lorsque la potée est défleurie, vous pouvez la planter à mi-ombre ; elle s'étalera progressivement et couvrira une large zone.

CONSEIL

Ces plantes ne couvriront pas toute la surface du terreau en une seule saison ; surfacez avec du gravier ou des pierres colorées pour un supplément de charme.

Effet bord de mer

PÉRIODE DE PLANTATION : printemps

Composition
1 laîche
2 fétuques glauques
3 gazons d'Espagne
2 scabieuses

Cache-pot rond

Les graminées ondulantes évoquent les paysages côtiers dans cette composition. *Carex buchananii* est une laîche persistante dont les longues feuilles arquées brun orangé dominent les autres plantes et gardent leur charme toute l'année. À l'instar de la fétuque glauque (*Festuca glauca*), il s'agit d'une plante à faible entretien, qui demandent seulement un arrosage minimal et une taille sévère à la fin de l'hiver, juste avant que les jeunes pousses printanières n'apparaissent.

Le gazon d'Espagne (*Armeria maritima*) prolonge le thème côtier. Ses fleurs abondantes, roses, blanches ou pourpres, s'épanouissent dès la fin du printemps. Les capsules de cette plante virent au jaune parchemin en fin d'été ; placez donc le pot à un endroit où le soleil de fin d'après-midi les illuminera. Laissez les graines à la disposition des oiseaux affamés en hiver et rabattez le feuillage en février ou en mars.

La scabieuse répond aux accents pourpres de la potée. *Scabiosa* 'Butterfly Blue' fleurira tout l'été à condition de supprimer régulièrement les hampes défleuries pour encourager la floraison. Si vous souhaitez conserver cette potée plusieurs années, divisez cette plante et replantez-la tous les trois ans.

CONSEIL

Toutes ces plantes prospèrent dans des sols très bien drainés et ne supportent pas que leurs racines baignent dans l'eau. Plantez-les donc dans un terreau à bon drainage, additionné de quelques poignées de gravier horticole ou de sable et isolez le pot du sol à l'aide d'un trépied ou de grosses pierres.

Décoré à la main

PÉRIODE DE PLANTATION : printemps

Composition
1 sauge farineuse
1 Ageratum
1 rudbéckia

Pot de 23 cm de diamètre

En fleur de l'été à l'automne, la sauge farineuse est une plante à massif fiable. *Salvia farinacea* 'Strata' offre des fleurs bleu et blanc, mais il existe aussi une forme à fleurs blanches ('Ivoire') et une autre à fleurs bleu profond ('Victoria'). Toutes les variétés sont facilement obtenues par semis sous abri au printemps.

Les variétés naines d'*Ageratum* peuvent sembler courtaudes dans une plate-bande, mais sur le devant d'un pot, comme ici, elles sont extrêmement valorisées. Il existe des variétés dans des tons de bleu et de pourpre et toutes peuvent être semées au printemps. Une fois la plante en fleur, il est bon de pincer les fleurs fanées pour stimuler la floraison.

Les fleurs vives des *Rudbeckia* sont un rayon de soleil dans cette composition. Recherchez une variété naine, telle 'Toto', et semez-la sous abri au printemps. À l'instar des autres plantes de cette potée, *Rudbeckia* est une annuelle.

CONSEIL

Le pot le plus ordinaire peut se transformer en objet déco avec un peu de peinture. Une astuce : éraflez la peinture encore humide pour obtenir des motifs.

Fantaisie mauve

PÉRIODE DE PLANTATION : printemps

Composition
1 lavande papillon
2 Brachycome
2 Helichrysum petiolare

Pot de 23 cm de diamètre

La lavande papillon (*Lavandula stoechas*) est une ravissante alternative aux types de lavande traditionnels. Merveilleusement parfumée, elle fleurit de la fin du printemps à l'été. Accordez-lui la place centrale dans la potée car son feuillage argenté restera séduisant après la floraison.

Les *Brachycome* couvriront le bord du pot et fleuriront tout l'été. Les formes à fleurs-pourpres et roses sont plus originales que les variétés classiques à fleurs bleues. Ces plantes meurent en automne, mais elles sont faciles à obtenir par semis sous abri au printemps.

Cet *Helichrysum petiolare* 'Limelight' a un feuillage plus lumineux que la forme classique à feuillage argenté. Bien qu'il ne soit pas considéré comme rustique, il peut résister à des hivers doux en extérieur dans un endroit très abrité. Rabattez les plus longues tiges pour stimuler la repousse.

CONSEIL

La lavande étant l'élément central de cette potée, coupez les hampes défraîchies après la floraison pour conserver l'aspect compact et buissonnant de la plante.

Vif et aérien

PÉRIODE DE PLANTATION : printemps

Composition
1 Hakonechloa macra
2 pélargoniums
1 heuchère
3 alysses

Pot peu profond de 25 cm de diamètre

Les graminées ont beaucoup de succès depuis quelques années et nombre d'entre elles sont superbes en pot. *Hakonechloa macra* 'Aureola' est l'une des plus élégantes ; elle marie un feuillage doré à un port aérien et ondule au-dessus des autres plantes de cette potée. Les parties hautes dépériront à la fin de l'année mais la plante repartira au printemps.

Les pélargoniums sont souvent négligés au profit d'autres plantes de véranda, ce qui est regrettable car ils offrent un spectacle extraordinaire ; de plus, la gamme de couleurs, et celle des formes de feuilles et de fleurs est très vaste. Mieux vaut acheter des jeunes plantes ou prélever des boutures car les semis sont longs à lever.

Un beau feuillage pourpre est un élément important dans la palette du jardinier et 'Black Beauty' est l'une des teintes d'heuchère (*Heuchera*) les plus sombres. Cette variété est toutefois assez récente, donc si vous ne la trouvez pas, choisissez les classiques 'Silver Scrolls' ou encore 'Chocolate Ruffles'.

Souvent considérée comme démodée, l'alysse (*Alyssum*) demeure une excellente plante de potée. Les plantes à port bas, comme cette alysse couleur lavande ou les lobélies, sont précieuses car elles tapissent les bords du pot et couvrent le terreau nu de fleurs.

CONSEIL

Plantez les alysses sur le pourtour du pot et sous les autres plantes ; elles leur offriront un socle ravissant.

Or sublime

PÉRIODE DE PLANTATION : printemps

Composition
1 cyprès de Lawson
4 Osteospermum
4 lierres

Grand pot carré

Peu employés dans les potées, les conifères sont précieux en pièce centrale, comme le prouve ce *Chamaecyparis lawsoniana* 'Pygmaea Argentea'. Il offre un feuillage vif et plumeux et a un port compact. Il est également rustique et relativement résistant à la sécheresse.

Les fleurs chaleureuses de *Osteospermum* ont besoin de soleil pour s'épanouir pleinement. Pour que cette potée conserve sa belle allure, supprimez les fleurs dès qu'elles sont fanées. Si vous ne trouvez pas de variété jaune, conservez le thème de couleur et remplacez-les par des *Gazania* ou des *Arctotis* jaune d'or ou abricot.

Les lierres (*Hedera*) comptent parmi les meilleures plantes de potée car ils sont rustiques, ils résistent à la sécheresse et ils restent beaux toute l'année. Ce lierre affiche des feuilles marginées de jaune, mais vous avez également le choix de variétés à feuillage vert uni ou panaché de blanc. Rabattez les tiges trop longues et désordonnées.

CONSEIL

Pour que les plantes de cette potée s'épanouissent pleinement, placez celle-ci en plein soleil. Les fleurs d'*Osteospermum* resplendiront et le conifère conservera toute sa couleur.

Mélange harmonieux

PÉRIODE DE PLANTATION : printemps

Composition
4 pélargoniums
1 fuchsia

Jardinière

Le feuillage bronze et brun de ce superbe *Pelargonium* 'Vancouver Centennial' s'harmonise parfaitement avec l'ocre de la jardinière en terre. Les fleurs aux tons vifs mais assez clairsemées laissent la vedette au feuillage. Comme tous les pélargoniums, celui-ci apprécie les situations bien ensoleillées. Pour le multiplier, il suffit de prélever des boutures en été et de les cultive- sous abri pendant les mois de froidure hivernale.

Les fleurs vermillon de *Fuchsia* 'Thalia' sont en accord parfait avec celles du pélargonium : éclatantes, elles attirent irrésistiblement le regard. À l'instar du pélargonium, cette plante est facile à multiplier par bouturage. Appliquez un engrais pour tomates afin de stimuler la floraison.

CONSEIL

Le choix de tons proches pour les plantes et le contenant facilite l'intégration de la potée. Cela évite également les discordances violentes, parfois étourdissantes dans un petit espace.

Chocolat et girofle

PÉRIODE DE PLANTATION : printemps

Composition
1 cosmos chocolat
4 œillets des fleuristes

Pot étroit et profond

Plante rêvée des férus de chocolat, les fleurs rouge sombre de la plante centrale, le cosmos chocolat (*Cosmos atrosanguineus*), sentent réellement le chocolat ! Elles se succèdent de juillet à octobre. Le cosmos chocolat est de nature frileuse ; rentrez-le donc pour l'hiver ou prélevez des boutures en été que vous cultiverez sous abri jusqu'au printemps suivant.

Vérifiez que la variété d'œillet des fleuristes (ou œillet giroflée) que vous choisissez a conservé le parfum caractéristique de girofle qui faisait la renommée des œillets autrefois. Il est bon de prendre cette peine car nombre de variétés modernes en sont malheureusement dénuées. *Dianthus* 'Gran's Favourite' ou *Dianthus* 'Starlight' sont tous deux un bon choix. Supprimez les fleurs dès qu'elles sont fanées et taillez légèrement la plante si elle pousse de façon désordonnée.

CONSEIL

Ce contenant associe deux plantes merveilleusement parfumées ; veillez donc à le placer à proximité de votre salon de jardin pour en profiter au maximum.

Ciel variable

PÉRIODE DE PLANTATION : printemps

Composition
1 heuchère
1 némésia
1 verveine
1 Argyranthemum
1 sauge

Grand pot carré métallique

Plus connus pour leurs feuilles colorées, les heuchères (*Heuchera*) produisent également des fleurs charmantes blanches ou roses au printemps et en été. Leur petite taille est largement compensée par leur profusion.

Plante classique de potée, *Nemesia* se couvre de fleurs du début de l'été à l'automne bien avancé.

Cette verveine (*Verbena*) est d'un merveilleux ton de lavande, mais vous trouverez un vaste choix d'autres couleurs. Achetez de jeunes plantes en jardinerie ou cultivez les vôtres à partir de semis ou de boutures.

L'*Argyranthemum* est une vivace frileuse qu'il est rare de voir sans fleur du début de l'été aux gelées d'automne.

Faites votre choix parmi les nombreuses variétés de sauge (*Salvia*) dans des tons de rose, bleu, pourpre et rouge. Toutes apprécient le soleil et beaucoup offrent des feuilles aromatiques.

CONSEIL

Vérifiez la rusticité de votre sauge, car certaines sont plus résistantes que d'autres. Prélevez des boutures de *Nemesia* et d'*Argyranthemum* et rentrez-les pour l'hiver car elles sont trop frileuses pour passer toute l'année en extérieur.

Barbe à papa

PÉRIODE DE PLANTATION : printemps

Composition
1 pélargonium
4 némésias

Jardinière

Plante de potée classique utilisée ici comme point de mire, le pélargonium continue à fleurir quel que soit l'ensoleillement ou la sécheresse. Il existe une immense gamme de couleurs, de formes et de tailles de fleurs et de feuilles.

Vos *Nemesia denticulata* peuvent rester couverts de fleurs subtilement parfumées pendant des mois, à condition que vous supprimiez les fleurs dès qu'elles sont fanées. Ces plantes particulièrement vigoureuses atteignent 30 cm de haut et, une fois établies, elles résistent étonnamment bien à la sécheresse. Les deux variétés les plus courantes sont 'Confetti', à fleurs roses, et 'Blue Confetti', à fleurs bleu lilas.

CONSEIL

Arrosez votre jardinière et coupez les fleurs défraîchies régulièrement pour un bel effet tout au long de l'été.

Ciel d'été

PÉRIODE DE PLANTATION : printemps

Composition
1 Arctotis
1 Calibrachoa
1 lantana
1 sauge

Pot large et peu profond

Arctotis est une plante à fleurs capitulées originaire d'Afrique du Sud, ce qui explique sa capacité à supporter des périodes de sécheresse en pot. Guettez d'éventuels pucerons verts qui sont parfois un problème.

Autrefois classé dans les *Petunia*, *Calibrachoa* (ici 'Million Bells') est maintenant reconnu comme un genre à part entière. Les plantes peuvent être achetées en jardinerie ou obtenues par bouturage plutôt que par semis. Évitez un arrosage excessif qui pourrait provoquer un jaunissement du feuillage.

La variété de *Lantana* à fleurs orange est l'une des plus courantes, mais d'autres couleurs méritent votre attention, comme cette teinte citron pâle. Ces plantes ont une longue floraison, de la fin du printemps à la fin de l'automne. Manipulez cette plante avec précaution si vous êtes sujet aux allergies car les feuilles peuvent irriter la peau.

Peu de fleurs sont d'un bleu aussi pur que celles de cette sauge gentiane (*Salvia patens*). Préférez le bleu profond de l'espèce type ou le bleu pâle de la variété 'Cambridge Blue'. Les deux plantes sont parfaites en potée car elles sont trop frileuses pour passer toute l'année en extérieur. Elles sont faciles à multiplier par bouturage ou par semis.

CONSEIL

Choisissez une variété moderne d'*Arctotis* pour cette potée, car elles ont été sélectionnées pour garder leurs fleurs épanouies même par temps maussade.

Senteurs épicées

PÉRIODE DE PLANTATION : printemps

Composition
1 Calibrachoa
2 pélargoniums parfumés

Pot de 18 cm de diamètre

Les fleurs rouge cerise vif de *Calibrachoa* 'Million Bells' se détachent merveilleusement sur le vert du feuillage environnant. Achetez cette plante en jardinerie au printemps et veillez à ne pas trop l'arroser car elle ne supporte pas que ses racines baignent dans l'humidité.

Un léger froissement des feuilles de ces pélargoniums révèle leur parfum délicieux. La variété 'Shottesham Pet' exhale une odeur de fruit et de noix, tandis que celle des variétés du groupe Fragrans évoque l'odeur de la muscade ou de l'eucalyptus. Vous trouverez toutefois nombre d'autres variétés dans le commerce, offrant des parfums variés de carotte (*Pelargonium* 'Scarlet Unique'), de pomme verte (*Pelargonium odoratissimum*), de menthe (*Pelargonium tomentosum*), de céleri (*Pelargonium ionidiflorum*), de rose (*Pelargonium graveolens* 'Variegata'), de citron (*Pelargonium* 'Marbel Grey', *Pelargonium crispum*)...

CONSEIL

Placez cette potée dans un endroit ensoleillé de façon que ses plantes donnent le meilleur d'elles-mêmes.

Soleil d'Afrique

PÉRIODE DE PLANTATION : printemps

Composition
1 Arctotis
1 Osteospermum

Pot de 18 cm de diamètre

Originaire des sols secs et rocailleux d'Afrique du Sud, *Arctotis* supporte parfaitement les conditions sèches souvent imposées par la culture en pot. Les fleurs capitulées rouges, violettes, orange ou roses forment un joli contraste avec le feuillage duveteux gris argenté. Choisissez toujours des variétés modernes, telles que 'Kiss Gold' et 'Kontiki Mixed', car elles sont moins sensibles à la luminosité que les variétés anciennes ; leurs fleurs sont donc moins enclines à se refermer par temps gris. Des boutures peuvent être prélevées en toute saison pour créer de nouvelles plantes.

Originaires des prairies, des montagnes rocailleuses et des lisières de la forêt d'Afrique méridionale, les *Osteospermum* sont prisés depuis longtemps pour leurs fleurs capitulées aux couleurs vives (ici une variété à fleurs jaunes).

CONSEIL

Ces deux plantes sont trop frileuses pour survivre en extérieur tout au long de l'année ; prélevez donc des boutures en été ou rentrez les plantes avant l'apparition des gelées automnales.

Plage de galets

PÉRIODE DE PLANTATION : printemps

Composition
1 œillet des Alpes
2 Pratia
1 gypsophile

Petit pot rond
Galets
Grillage pour poulailler

La taille naine des œillets des Alpes (ici *Dianthus alpinus* 'Fusilier') convient parfaitement aux proportions de ce contenant. Ces plantes offrent une large palette de teintes florales et forment un coussinet soigné. Recherchez des variétés comme 'Pink Jewel' dont les fleurs exhalent le parfum caractéristique de girofle propre aux œillets , hélas perdu dans certaines variétés modernes.

En contraste avec les fleurs dressées de l'œillet, *Pratia* s'étale lentement et forme un tapis de feuilles arrondies vert foncé et de petites fleurs bleues pâle. Livrée à elle-même, elle couvrira une large zone mais, en pot, il est facile de la tailler quand elle commence à déborder de l'espace qui lui est imparti.

Gypsophila cerastioides, un gypsophile à fleurs blanches, cascadera au-dessus du bord du pot et en adoucira l'aspect.

CONSEIL

Créez un cadre adapté à ces alpines. Cachez un pot en plastique ordinaire au milieu de galets enserrés dans du grillage. Sous un climat rude (risques de gelées sévères), les *Pratia* peuvent perdre leurs feuilles. Il est donc préférable de les rentrer en hiver.

Avant-garde

PÉRIODE DE PLANTATION : printemps

Composition
1 arum
3 hostas
3 Ophiopogon planiscapus

Gros pot rond

Élément phare de cette potée, les formes frileuses de l'arum des fleuristes (*Zantedeschia*) sont parfaitement adaptées à la culture en pot en été car elles ne peuvent survivre en extérieur toute l'année. Pour obtenir de nouvelles plantes, divisez au printemps les touffes établies en plusieurs fragments, chacun doté de racines et de feuilles.

Écho de la forme des feuilles de l'arum, l'*Hosta* se marie heureusement à son partenaire exotique. La variété choisie ici offre un feuillage vert bleuté uni, mais vous trouverez nombre d'autres coloris en jardinerie, dont des feuillages marginés de blanc ou de jaune. Tous les hostas font le régal des limaces et des escargots, veillez donc à les protéger.

Peu de plantes sont d'un noir aussi pur que *Ophiopogon planiscapus* 'Nigrescens'. Les feuilles persistantes gardent une belle allure toute l'année et les plantes se développent progressivement en grosses touffes. En fin d'été, lorsque vous déplanterez la composition, vous pourrez réutiliser *Ophiopogon planiscapus* dans une potée hivernale ou la replanter en pleine terre dans un endroit ensoleillé ou à mi-ombre.

CONSEIL

L'arum (*Zantedeschia*) prospère en sol frais, préparez-vous donc à arroser fréquemment cette potée.

Dans la jungle

PÉRIODE DE PLANTATION : printemps

Composition
1 canna
1 fleur ananas
1 orpin

Grand pot carré

Étonnamment résistante pour une plante si luxuriante, le canna survit toute l'année en extérieur pourvu qu'il soit protégé en hiver. *Canna* 'Tropicanna' affiche de merveilleuses feuilles nervurées de jaune et de rose, mais il existe une belle gamme de variétés. Toutes offrent des fleurs vivement colorées en harmonie avec leur feuillage exceptionnel.

Remarquable fleur de fin d'été, la fleur ananas (*Eucomis bicolor*) est facile à cultiver à partir de bulbes plantés au printemps. Elle est originaire d'Afrique du Sud et n'est donc pas assez rustique pour survivre en extérieur toute l'année sous nos climats. Rentrez les plantes avant les premières gelées d'automne et gardez-les à l'intérieur tout l'hiver.

Généralement cultivée pour ses fleurs qui rappellent le brocoli, l'orpin (*Sedum*) offre également un feuillage charnu qui reste décoratif de son apparition au printemps à son flétrissement en automne.

CONSEIL

Défaites cette potée à la fin de la saison pour protéger les plantes frileuses qui doivent impérativement hiverner sous abri.

Air marin

PÉRIODE DE PLANTATION : printemps

Composition
3 pieds-d'alouette
3 cheveux d'ange
3 coréopsis

Jardinière

Le pied-d'alouette (*Consolida*) est une annuelle, proche parente de *Delphinium*, facile à obtenir par semis au printemps. Abritez ces plantes du vent qui renverserait leurs fleurs imposantes. À la fin de l'été, récupérez les graines de vos pieds-d'alouette pour l'année suivante.

Les graminées ornementales sont en vogue depuis quelques années, et notamment *Stipa tenuissima* qui est très prisée pour sa texture aérienne.

Autre superbe plante facile à obtenir par semis, *Coreopsis* 'Mahogany Midget' est une variété spectaculaire, couverte de fleurs acajou écarlate en été. Elle ne dépasse pas 30 cm de haut ce qui en fait un sujet idéal de potée. Comme les autres plantes de cette composition, elle apprécie le soleil.

CONSEIL

Pour asseoir le thème marin, peignez une jardinière en bleu et décorez-la de coquillages et de cordages, collés avec du mastic pour salle de bains.

Belle époque

PÉRIODE DE PLANTATION : printemps

Composition
1 sauge
1 Argyranthemum
1 Scaevola aemula

Grand pot

Vous trouverez quantité de variétés bleues de sauge (*Salvia*) en jardinerie. Tous les types de cette vivace frileuse prospèrent en situation chaude et ensoleillée et continueront à fleurir jusqu'à l'apparition des gelées automnales. Il est facile d'obtenir de nouvelles plantes par semis ou par bouturage.

Recherchez une variété d'*Argyranthemum* à fleurs jaunes comme 'Jamaica Primrose' ou 'Cornish Gold'. Cette vivace frileuse se couvrira de fleurs capitulées lumineuses de la fin du printemps à l'automne pourvu que vous les supprimiez au fur et à mesure qu'elles se fanent.

Adoucissez l'aspect rigide du pot en laissant cascader *Scaevola aemula* sur le devant. *Scaevola* est une vivace frileuse originaire d'Australie qui fleurira tout l'été. Préparez la saison suivante en prélevant des boutures que vous cultiverez à l'intérieur pendant la trêve hivernale.

CONSEIL

Plantez la sauge et l'*Argyranthemum* au centre du pot pour qu'elles s'entremêlent en poussant. Pincez l'extrémité des jeunes pousses de l'*Argyranthemum* pour favoriser un port buissonnant.

POST

Passion pourpre

PÉRIODE DE PLANTATION : printemps

Composition
1 Solanum rantonnetii
1 Brugmansia
1 misère pourpre
2 Helichrysum petiolare
2 becs de perroquet

Grand pot rectangulaire

Si vous observez attentivement les fleurs violettes de *Solanum rantonnetii*, vous remarquerez leur ressemblance avec celles de sa proche parente, la pomme de terre. Optez pour la variété 'Royal Robe' au centre de la potée, pour ses fleurs parfumées.

Brugmansia est un arbuste frileux dont le parfum vous ravira. Soyez prudent en la manipulant car toutes les parties de la plante sont toxiques. Faites votre choix dans la large palette de couleurs.

La misère pourpre (*Tradescantia pallida* 'Purpurea') est généralement cultivée en plante d'intérieur, mais elle est parfaitement adaptée à l'extérieur et pour la culture en pot. Ses feuilles afficheront la plus belle couleur si elle jouit d'une lumière vive et si ses racines sont légèrement à l'étroit dans le pot.

Ses feuilles laineuses argentées d'une douceur irrésistible rangent *Helichrysum petiolare* parmi les plantes à feuillage retombant les plus prisées en potée. Vous pouvez aussi choisir une variété à feuilles panachées ou jaunes. Vous la multiplierez facilement par bouturage.

Le bec de perroquet (*Lotus berthelotii*) est parfait sur le devant du pot qu'il masque partiellement de ses tiges rampantes habillées de feuilles gris argenté et de ses fleurs orange vif. Prélevez des boutures en été que vous cultiverez sous abri pendant l'hiver.

CONSEIL

Ces sujets sont traditionnellement cultivés en plantes d'intérieur sous nos climats ; n'oubliez pas de les rentrer avant les gelées d'automne.

Reine de théâtre

PÉRIODE DE PLANTATION : printemps

Composition
3 becs de perroquet
3 bégonias tubéreux
1 mélianthe
1 bananier

Grand pot profond

Ne lésinez pas sur *Lotus berthelotii* dans cette composition. Cette plante retombante à l'allure exotique affiche un feuillage argenté et des fleurs orange vif qui rappellent des becs de perroquet. Elle est facile à cultiver, mais doit être protégée pendant les mois d'hiver. Prélevez des boutures en été pour obtenir de nouvelles plantes.

Utilisez le même nombre de bégonias à fleurs rouges que de becs de perroquet pour faire écho aux tons rouges des feuilles de bananier. Vous trouverez toutefois nombre d'autres couleurs en jardinerie au printemps. Plantez les tubercules en pot, face creuse vers le haut. Puis cultivez-les sous serre jusqu'au moment de créer la potée.

Melianthus est l'une des plantes à feuillage ornemental les plus séduisantes pour ses feuilles vert bleuté fortement dentées. Une curieuse odeur de noisette émane de celles-ci. Protégez cette plante en hiver car elle est plutôt frileuse.

De plus en plus populaire, le bananier (*Musa*) est maintenant courant dans les jardineries qui en proposent souvent une gamme étonnante. Optez pour un cultivar à feuilles teintées de rouge, mais vous trouverez aussi de belles variétés vertes de *Musa ensete*. Protégez-le du froid en hiver.

CONSEIL

Toutes ces plantes sont plutôt frileuses; protégez-les pendant l'hiver et sortez le contenant quand tout risque de gel est passé.

Explosion d'or

PÉRIODE DE PLANTATION : printemps

Composition
Pot principal :
1 Berberis thunbergii
2 Sanvitalia
1 bident
1 Carex oshimensis
Grand pot large

Pot de droite
1 Carex oshimensis
Pot rond

Pot de gauche
1 fusain
Coupe

Les tiges rigides dressées de *Berberis thunbergii* opposent un contraste remarquable aux formes plus souples des autres plantes. La variété ici représentée est 'Pow wow', mais il existe de nombreux cultivars, offrant des feuillages pourpres, jaunes ou panachés. Tous prennent de somptueux coloris en automne.

Les fleurs capitulées de *Sanvitalia* se faufilent joliment parmi les plantes environnantes. À l'instar des autres plantes de cette potée, elle demande de la lumière, mais elle est aussi étonnamment robuste et continue à fleurir jusqu'aux premières gelées.

Facile à obtenir par semis, *Bidens* affiche des tiges rampantes couvertes de fleurs étoilées jaune vif tout au long de l'été. Récoltez les graines afin de les semer au printemps suivant. Si les plantes prennent trop d'ampleur dans l'espace imparti, rabattez-les simplement à la taille voulue.

L'une des laîches les plus séduisantes, Carex oshimensis 'Evergold', affiche des feuilles à large bande centrale blanche. Les touffes denses s'étoffent au fil des ans et peuvent être divisées pour créer de nouvelles plantes.

Une laîche à droite et un fusain persistant (*Euonymus fortunei* 'Emerald'n' Gold') à gauche complètent ce trio qui conserve son charme toute l'année.

CONSEIL

Tous trois persistants, le *Berberis*, la laîche et le fusain composent des potées permanentes. Les plantes à floraison estivale peuvent être remplacées par des pensées jaunes pour l'hiver et par des narcisses 'Tête-à-tête' pour le printemps.

Douceur et simplicité

PÉRIODE DE PLANTATION : printemps

Composition
1 fuchsia
1 Scaevola

Pot étroit et profond

Le fuchsia est une fleur aux multiples facettes. On recense aujourd'hui plus de 15 000 hybrides. *Fuchsia* 'Thalia' est une variété des plus raffinée qui vous séduira par ses sépales différents de ceux des variétés ordinaires. Ses fleurs étroites à tube très long et vermillon contrastent parfaitement avec son feuillage bronze. Il est en plus très florifère. Rentrez-le avant l'apparition des premières gelées d'automne.

Originaire d'Australie et splendide sujet de potée, *Scaevola* est couverte de fleurs en éventail du printemps à l'automne. Cette vivace frileuse n'est pas assez rustique pour séjourner en extérieur toute l'année ; prélevez des boutures en été que vous cultiverez sous abri en hiver. Cette plante est vigoureuse, rabattez-la si elle se développe de façon désordonnée.

CONSEIL

Choisissez un pot profond pour cette composition afin que le fuchsia domine *Scaevola* et apporte une dimension verticale à votre patio.

Rouge rubis

PÉRIODE DE PLANTATION : printemps

Composition
3 géraniums-lierre
1 basilic pourpre

Pot étroit et profond

Originaire d'Afrique australe, le géranium-lierre (*Pelargonium peltatum*) est le roi incontesté de tous les balcons. Il compte parmi les plantes rampantes les plus faciles à cultiver au soleil et offre une large palette de couleurs – rouge, blanc, rose et pourpre. Protégées du froid pendant les mois d'hiver (dans une pièce lumineuse, à une température comprise entre 10 et 15 °C), les plantes dureront plusieurs années. Autrement, elles peuvent être remplacées tous les ans par de nouvelles plantes obtenues à partir de boutures prélevées en été.

Aussi savoureux que son parent à feuillage vert, plus courant, le basilic pourpre (*Ocimum basilicum*) est une belle alternative qui a autant sa place dans une potée que dans la cuisine. Récoltez les feuilles au fur et à mesure de vos besoins.

CONSEIL

Pour que ces plantes conservent toute leur beauté, placez le pot au soleil et à l'abri des vents froids.

Décor de feu

PÉRIODE DE PLANTATION : printemps

Composition
3 Gazania
2 Sanvitalia
2 lantanas

Grand pot

Les grandes fleurs capitulées orange vif de *Gazania* se délectent de la lumière du soleil. Semez au printemps ou achetez de jeunes plantes en jardinerie.

Rares sont les espèces végétales aussi faciles à cultiver que *Sanvitalia* qui s'obstinera à produire ses petites fleurs capitulées jaunes par tous les temps. Rabattez ces plantes si elles se développent de façon désordonnée. Pour le reste, elles demandent peu d'entretien car cette variété résiste particulièrement bien aux maladies et aux attaques de ravageurs.

Le lantana (*Lantana camara*) se couvre de couronnes de fleurs dont la couleur fonce avec le temps pour offrir un effet multicolore. Cette belle plante frileuse peut être rentrée en hiver, faute de quoi vous prélèverez des boutures en été. Portez de préférence des gants pour la manipuler car elle peut irriter les peaux sensibles.

CONSEIL

Cette potée radieuse adore le soleil. Placez-la donc dans un endroit ensoleillé pour jouir de ses couleurs extraordinaires.

Gris acier

PÉRIODE DE PLANTATION : printemps

Composition
2 bégonias
2 Plectranthus

Pot profond et large

Si nombre de bégonias sont cultivés pour leurs fleurs, il existe également un groupe aux feuilles somptueusement colorées auquel appartient *Begonia rex*. Leurs feuilles peuvent présenter une large palette de nuances de blanc, rose, rouge, noir, violet, vert ou argent. Rentrés à la fin de l'été, ils feront des plantes d'intérieur particulièrement séduisantes.

Plectranthus est un genre de plantes à feuillage ornemental d'un bel effet dans les potées estivales. La variété à feuilles pourpres représentée ici est 'Mona Lavender'. Vous trouverez aussi en jardinerie des cultivars à feuilles argentées et panachées. Prélevez des boutures en été, car cette plante est trop frileuse pour survivre en extérieur toute l'année.

CONSEIL

Cette potée à thème de feuillage offre un spectacle estival raffiné. Pour un résultat optimal, placez le pot à mi-ombre.

Fantaisie gothique

PÉRIODE DE PLANTATION : printemps

Composition
5 violettes cornues
2 cinéraires maritimes
1 Pelargonium regale

Jardinière en métal ou imitation plomb

Presque noire comme du jais, la violette *Viola cornuta* 'Molly Sanderson' fleurira des mois d'affilée pourvu que vous supprimiez les fleurs au fur et à mesure qu'elles se fanent. Si nécessaire, multipliez ces plantes par bouturage.

Les feuilles argentées finement découpées de *Senecio cineraria* illuminent ce thème de coloris sombres. Les cinéraires sont faciles à obtenir par semis au printemps, mais vous pouvez également acheter chaque année de jeunes plantes en jardinerie. Étonnamment rustiques, elles peuvent être repiquées en pleine terre après leur séjour en pot.

Les variétés brun-pourpre de *Pelargonium regale* méritent d'être recherchées en jardinerie pour leurs grandes fleurs soyeuses aux teintes sombres, aux pétales ourlés de rose, à l'instar de ce 'Lord Bute'. Comme les autres *Pelargonium*, elles prospèrent au soleil et sont faciles à multiplier par bouturage.

CONSEIL

Si les violettes commencent à pousser uniquement en hauteur, taillez-les légèrement ; elles seront bientôt à nouveau buissonnantes et refleuriront.

Prairie fleurie

PÉRIODE DE PLANTATION : printemps

Composition
1 bleuet
4 silènes

Pot large et peu profond

Si la forme à fleurs bleues du bleuet (*Centaurea cyanus*) est la plus communément rencontrée, cette variété brun-pourpre, 'Black Ball', mérite d'être recherchée et constitue un point de mire spectaculaire dans cette potée. Autrefois courante et considérée comme une mauvaise herbe dans les champs de blé, les bleuets se font malheureusement rares de nos jours, victimes notamment des herbicides. Les fleurs s'épanouissent de la fin du printemps au milieu de l'été.

Parfois vendue sous le nom de *Viscaria*, le silène visqueux (*Silene viscaria*) est une annuelle originaire des Alpes, facile à cultiver et aussi charmante en pot que dans une plate-bande. Cette plante doit son nom au fait que le haut des tiges est couvert d'une substance visqueuse et collante.Ses fleurs délicates, dont les pétales semblent scintiller au soleil, existent en rose, blanc, bleu et rouge.

CONSEIL

Si vous aimez observer les insectes dans votre jardin, vous apprécierez cette composition car les abeilles et les papillons sont friands des bleuets.

Charme en rose

PÉRIODE DE PLANTATION : printemps/été

Composition
1 Argyranthemum
1 chrysanthème
1 Osteospermum

Grand pot

Argyranthemum fleurit dès la fin du printemps et il est rarement dépourvu de fleurs jusqu'aux premières gelées, pourvu que les fleurs fanées soient régulièrement coupées.

Il existe une nouvelle forme de *Chrysanthemum*, le chrysanthème nain à massif, qui fleurit au printemps comme en automne, saison traditionnelle de cette fleur. Les plantes achetées en boutons au printemps auront donc deux floraisons dans l'année, ce qui en fait un bon investissement. Elles sont assez rustiques pour vivre en extérieur toute l'année et sont naturellement compactes.

Jolie marguerite originaire d'Afrique du Sud, *Osteospermum* offre une large palette de couleurs vives. Cette plante fleurit de la fin du printemps à l'automne et elle est facile à multiplier à partir de boutures prélevées en été. Il est préférable de la faire hiverner en intérieur – assurance que la plante mère ne soit pas détruite par le froid.

CONSEIL

Les *Argyranthemum* et les *Osteospermum* sont des plantes frileuses ; pour garantir leur survie, prélevez des boutures en été, que vous cultiverez sous abri pendant l'hiver.

Bleu roi

PÉRIODE DE PLANTATION : toute saison

Composition
1 bugle
1 gentiane
1 bruyère commune

Coupe large et peu profonde
Terre de bruyère

Les feuilles bronze rougeâtre de ce bugle (*Ajuga*) offrent le même intérêt toute l'année et mettent subtilement en valeur le coloris intense de la gentiane. La bugle est un couvre-sol persistant précieux qui s'étale rapidement et forme un tapis de feuillage parsemé au printemps de courts épis de fleurs généralement bleues.

Prisée pour ses fleurs d'un bleu remarquablement vif, la gentiane (*Gentiana*) est l'une des plus belles plantes d'automne. Les formes doubles, comme 'Eugen's Allerbester', sont particulièrement superbes. Elles sont également beaucoup plus faciles à cultiver que vous ne l'imaginez.

L'association du feuillage doux au toucher d'un vert profond et des courts épis de minuscules boutons de fleurs blanc pur qui ne s'épanouissent pas et ne cessent de se renouveler fait de cette bruyère commune (*Calluna vulgaris*) une autre vedette de l'automne. Les variétés d'hiver prospèrent dans n'importe quel type de sol mais, à l'instar de la gentiane, les bruyères à floraison estivale et automnale exigent un sol acide. Pour encourager un port buissonnant, supprimez les hampes défleuries.

CONSEIL

Les gentianes et certaines bruyères exigent un sol acide ; plantez-les donc dans de la terre de bruyère.

Au feu !

PÉRIODE DE PLANTATION : été

Composition
1 Berberis
1 gaulthérie couchée
1 piment
1 chrysanthème

Coloquinte décorative
Grand pot

Version plus compacte d'une plante de jardin familière, *Berberis* 'Tiny Gold' offre des petites feuilles dorées qui virent au rouge et orange vif avant de tomber en automne. Bien qu'elle se porte bien dans le jardin, sa petite taille la prédispose à la culture en pot. Tous les *Berberis* sont faciles à cultiver.

Les gaulthéries couchées (*Gaultheria procumbens*) forment des tapis de petites feuilles vertes lustrées qui se teintent généralement de rouge en automne et en hiver. Les fleurs blanches sont suivies par des grappes de grosses baies écarlates qui dégagent un parfum âcre quand on les écrase.

Reprenant les couleurs des fruits non comestibles de *Gaultheria*, les fruits comestibles de ce piment nain (*Capsicum*) virent du vert au rouge vif en fin d'été et en automne. Vous pouvez les laisser sur la plante pour la décoration ou les récolter au fil de vos besoins culinaires.

Très peu de plantes sont plus voyantes que les chrysanthèmes nains, quelle que soit la saison. Leur aspect guindé n'est pas du goût de tout le monde, mais leur déploiement de fleurs est sans égal en automne. Bien qu'ils soient vivaces, ils méritent rarement d'être conservés d'une année sur l'autre. Mieux vaut les remplacer par de nouvelles plantes l'année suivante.

CONSEIL

La gaulthérie couchée prospère en sol acide ; plantez-la donc dans un pot individuel de terre de bruyère que vous enterrerez dans le contenant de la potée.

Écume d'automne

PÉRIODE DE PLANTATION : été

Composition
1 Aster
1 chou d'ornement
1 orpin
1 Carex

Grand pot

Vivace rustique facile à cultiver, *Aster* 'Monte Cassino' apporte une note verticale à l'arrière du pot et produit des masses de petites fleurs blanches vaporeuses à cœur jaune pendant tout septembre et octobre. Après la floraison, rabattez la plante de moitié et repiquez-la dans une plate-bande ensoleillée.

Les choux d'ornement et les choux frisés à port bas affichent des cœurs colorés de rose, de blanc ou de pourpre et des formes vigoureuses d'un effet incomparable au premier plan d'une potée automnale ; ils opposent un contraste puissant aux fleurs souples et ébouriffées. Sans être comestibles, ils sont aussi faciles à cultiver à partir de semis que les choux ordinaires ; pensez donc à en semer un paquet l'été prochain.

L'orpin (*Sedum*) a beaucoup de qualités, et notamment celle d'attirer des insectes utiles comme les syrphes et les abeilles. Ses feuilles succulentes charnues sont du plus bel effet à l'arrière d'un pot et, en automne, ses feuilles rouge rosâtre rappelant celles du brocoli s'élèveront au-dessus du chou.

Les graminées telles que *Carex* 'Frosted Curls', qui n'atteint que 15 à 30 cm de haut, est un excellent choix pour une composition. Placez-la de façon qu'elle cascade gracieusement par-dessus le bord du pot.

CONSEIL

Rabattez l'aster et *Carex* au niveau du sol au printemps ; ils repartiront joyeusement du pied en automne.

Style argenté

PÉRIODE DE PLANTATION : automne

Composition
2 cyclamens
3 thyms

Jardinière

Il y a peu de temps encore, on cantonnait généralement les cyclamens d'appartement (*Cyclamen persicum*), originaires d'Europe centrale et du bassin méditerranéen, à l'emploi de plante d'intérieur. Mais la mise au point de variétés plus résistantes, comme les cultivars 'Miracle Series', en fait désormais des hôtes de choix dans les potées hivernales. Il en existe en divers coloris de fleurs allant du blanc au rouge, dont beaucoup sont délicatement parfumées.

Planter des herbes aromatiques dans une jardinière est très pratique car une fois placée en hauteur, elles seront épargnées des limaces et des escargots. De plus, vous n'aurez pas besoin de vous baisser pour vous servir. Recherchez des variétés de thym à feuilles décoratives comme *Thymus* 'Silver Posie' utilisé ici, qui est aussi charmant qu'il est savoureux.

CONSEIL

Pour que les plantes de cette jardinière soient belles, évitez que leurs racines soit trop humides, autrement elles risqueraient de dépérir.

Cocktail de fête

PÉRIODE DE PLANTATION : automne

Composition
1 Skimmia
3 cyclamens
1 lierre commun
1 gaulthérie couchée

Grand pot
Terre de bruyère

Si nombre de *Skimmia* sont cultivées pour leurs baies, *Skimmia japonica* 'Rubella' est en revanche prisée pour ses grosses grappes de bourgeons hivernaux rouge rosâtre qui s'épanouissent au printemps en fleurs blanches étoilées, délicieusement parfumées. *Skimmia* et *Gaultheria* sont des arbustes persistants acidophiles; plantez-les donc dans de la terre de bruyère.

Les variétés modernes de cyclamen (*Cyclamen persicum*), plus résistantes, à l'instar de 'Miracle Series', sont parfaitement adaptées aux potées hivernales. Plantez-les entre les persistants qui les abriteront juste assez de la pluie pour leur permettre de passer l'hiver.

Le lierre (*Hedera helix*) offre une large palette de formes, de tailles et de couleurs de feuilles. Cette variété, nommée 'Little Diamond', affiche des feuilles marginées de crème sur des tiges rampantes qui retombent par-dessus le bord du pot.

Gaultheria procumbens est un minuscule arbuste persistant qui forme un tapis de petites feuilles lustrées teintées de rouge en automne et en hiver. Ses fleurs blanches sont suivies de grosses baies rouges. Tant le feuillage que les baies sont fortement parfumés.

CONSEIL

Placez la *Skimmia* à l'arrière du pot où ses belles feuilles sombres lustrées offriront une toile de fond aux autres plantes.

Éventail d'épines

PÉRIODE DE PLANTATION : automne

Composition
1 Yucca filamentosa
1 fusain
1 Skimmia
1 gaulthérie
1 thym

Grand pot
Terre de bruyère

Yucca filamentosa 'Bright Edge' offre une architecture graphique précieuse en point de mire de cette potée. Persistante amoureuse du soleil, elle procure une dimension verticale et un contraste de forme. En dépit de son aspect exotique, elle est étonnamment rustique et facile à cultiver. Méfiez-vous d'elle cependant, car chaque feuille se termine par une épine acérée.

Parmi les arbustes persistants nains les plus résistants et les plus fiables, *Euonymus fortunei* 'Emerald Gaiety' forme un coussin proéminent de petites feuilles marginées d'argent. Ce fusain prospère au soleil comme à l'ombre et supportera une taille sévère.

Contrairement à de nombreuses plantes productrices de baies, *Skimmia japonica* subsp. *reevesiana* en produit en abondance sans avoir besoin de partenaire de pollinisation. Les fleurs printanières blanches et les baies automnales rouges ressortent remarquablement dans cette composition.

Les gaulthéries offrent diverses couleurs de baies, du blanc au rouge, mais celles de *Gaultheria mucronata* 'Mulberry Wine' virent du rose pâle à une teinte plus sombre en mûrissant.

Il existe de multiples formes de thym, de bas et tapissant à dressé et buissonnant. Les teintes foliaires sont également très variées, du jaune d'or au gris-bleu. La variété utilisée ici est *Thymus* 'Silver Posie'.

CONSEIL

Skimmia et *Gaultheria* exigent un sol acide ; plantez-les donc dans de la terre de bruyère.

Joyeux Noël

PÉRIODE DE PLANTATION : automne

Composition
1 buis commun
1 Muehlenbeckia
10 pensées rouges

Pot en terre profond

Un buis reste vert toute l'année, mais dans cette composition il apporte une tache de couleur de saison et constitue une parfaite décoration de Noël dans un patio ou devant un porche. Taillez les branches désordonnées du buis commun (*Buxus sempervirens*) avant de le planter et continuez à le tailler de temps à autre tout au long de l'année pour conserver une forme soignée.

Placez *Muehlenbeckia complexa* devant la pyramide de buis. Séparez délicatement ses vrilles de façon qu'elle s'enroule autour du buis et se glisse parmi les pensées comme une guirlande de Noël, puis cascade par-dessus le bord du pot. Elle poussera lentement au début, puis accélérera le rythme au bout d'un an ou deux et vous devrez alors la tailler pour limiter son ampleur. Si vous ne pouvez pas vous procurer une *Muehlenbeckia*, un lierre vert foncé fera autant d'effet.

Entourez le pied du buis de pensées, en leur laissant assez d'espace pour se développer au cours des mois suivants. Supprimez régulièrement les fleurs fanées pour conserver une belle potée jusqu'au printemps ; vous pourrez alors les remplacer par des narcisses nains comme 'Tête-à-tête', ou même par des perce-neige ou des crocus.

CONSEIL

Arrosez la composition régulièrement pendant l'hiver, mais avec parcimonie pour éviter de détremper le terreau. Du printemps à l'automne, arrosez au moins une fois par semaine et appliquez un engrais pour tomates toutes les deux semaines.

Reine des glaces

PÉRIODE DE PLANTATION : automne

Composition
3 pensées
3 pâquerettes
1 Carex
1 véronique arbustive
1 bruyère
3 lierres

Grand pot

Le bleu pâle des pensées (*Viola*) oppose un contraste élégant au blanc froid des autres plantes. De nombreuses variétés ont été sélectionnées pour fleurir en hiver ; elles sont toutes enclines à entrer en dormance pendant les périodes très froides, mais recommencent à fleurir dès que la température remonte.

Moins utilisée que d'autres plantes à floraison hivernale, la pâquerette (*Bellis*) donne d'excellents résultats en pot. Cette variété à fleurs blanches convient au présent thème, mais il existe une multitude d'autres couleurs.

Le feuillage aérien de la laîche (*Carex*) à l'arrière-plan apporte de la légèreté dans cette composition ou la plupart des plantes sont massives. De plus, cette graminée persistante conserve son élégance toute l'année.

La véronique arbustive (*Hebe*) est généralement cultivée pour ses fleurs, mais celle-ci arbore aussi un séduisant feuillage crème et vert. Il existe plusieurs variétés et toutes prospèrent en pot. Les pieds d'*Hebe* peuvent être repiqués ensuite dans le jardin, au soleil ou à mi-ombre mais à l'abri des vents froids.

La bruyère (*Erica*), qui fleurit de la fin de l'hiver au début du printemps apporte couleur et texture.

Solution toujours charmante pour adoucir le bord d'un pot, le lierre offre un choix de centaines de variétés.

CONSEIL

Créée en automne, cette potée sera colorée jusqu'au printemps. Supprimez simplement les pensées fanées et taillez le lierre pour qu'il ne devienne pas envahissant et qu'il conserve sa vigueur.

Éclat de bronze

PÉRIODE DE PLANTATION : automne

Composition
1 lin de Nouvelle-Zélande
1 Skimmia
1 heuchère
2 lierres
4 pensées

Grand pot

Vous n'aurez que l'embarras du choix pour sélectionner une variété de lin de Nouvelle-Zélande (*Phormium*) qui sera la vedette de cette potée. Dans la présente composition, une variété bronze a été choisie, mais vous serez peut-être tenté par une autre couleur, comme le noir somptueux de 'Platt's Black'. La plante prospérera ensuite dans un endroit ensoleillé du jardin.

Skimmia japonica subsp. *reevesiana* est un petit arbuste robuste et prisé dans les potées hivernales car ses baies rouges illuminent les journées grises. Elles sont suivies de fleurs blanches parfumées, du milieu à la fin du printemps.

L'heuchère (*Heuchera*) offre une large gamme de variétés ; ici, elle est de teinte bronze, mais vous en trouverez d'autres avec de belles marques argentées ou encore des feuilles gaufrées.

Le lierre (*Hedera helix*) guide le regard vers le bas, le long de ses tiges qui cascadent. Les plantes peuvent être repiquées dans un pot plus grand au fil du temps et finiront par être de belle taille.

Choisissez pour cette potée une variété de pensée (*Viola*) sélectionnée pour fleurir en hiver ; plantez-la en nombre afin d'obtenir un spectacle coloré qui durera jusqu'au printemps. Supprimez les fleurs au fur et à mesure qu'elles se fanent pour prolonger la floraison.

CONSEIL

Les pensées ajoutent une note florale à cette composition. Elles entreront peut-être en dormance au plus froid de l'hiver, mais vous devriez jouir d'une profusion de fleurs le reste du temps.

Relaxation

PÉRIODE DE PLANTATION : automne

Composition
2 cinéraires maritimes
6 cyclamens miniatures
4 lierres

Pot carré

Belle plante à massif, *Senecio cineraria* offre l'éclat de son feuillage argenté. Achetez les plantes en jardinerie ou semez-les au printemps. Pincez l'extrémité des tiges principales en végétation pour que la plante reste compacte et buissonnante.

Ce mini-cyclamen rouge vif oppose un contraste éclatant à la vague de feuillage argenté ; protégez ces plantes de l'humidité hivernale, sous peine de les voir dépérir. Les cyclamens miniatures sont souvent cultivés en plante d'intérieur car certains ne sont pas assez résistants pour survivre à de fortes gelées. Pour cette potée, recherchez une variété sélectionnée pour être rustique.

Un lierre à panachures vives égaie considérablement une journée d'hiver sombre. Plantez-les sur le pourtour du pot de façon que les tiges tombent en cascade. Ils pourront être réutilisés dans une autre potée à la fin de celle-ci ou plantés en pleine terre pour grimper le long d'un support.

CONSEIL

Vérifiez que le fond du pot est percé de nombreux trous de drainage pour éviter que le terreau se sature d'eau en hiver. Ce pot a des pieds intégrés à ses quatre coins qui améliorent le drainage.

Très chou

PÉRIODE DE PLANTATION : automne

Composition
3 choux d'ornement
1 bruyère
3 lierres

Coupe ronde et large

Ces choux d'ornement colorés sont comestibles, mais ils sont généralement cultivés pour décorer les potées et les plates-bandes, et non pour les assiettes. Faites votre choix entre les multiples formes existantes, sachant que ces choux rose pourpre comptent parmi les plus jolis dans une douce lumière hivernale. Ils devraient durer plusieurs mois et sont particulièrement ravissants couverts de gel.

La bruyère à floraison hivernale (*Erica carnea*) introduit une touche de couleur vive au centre de la composition. Les variétés sont nombreuses et la palette des couleurs de fleurs et de feuilles est large. Taillez les plantes après la floraison et plantez-les dans le jardin quand la potée est défraîchie.

Le lierre (*Hedera helix*) est une plante persistante très appréciée pour les potées et les suspensions. Intercalez ces sujets entre les choux de façon qu'elles retombent par-dessus le bord du pot. Recherchez des variétés à feuillage marqué de blanc ou de jaune pour une touche de couleur supplémentaire. Si les plantes poussent de façon désordonnée, rabattez-les et elles ne tarderont pas à repartir de plus belle.

CONSEIL

Si vous avez le temps de préparer cette potée à l'avance, semez les choux d'ornement; sinon, achetez de jeunes plantes et repiquez-les directement pour obtenir un effet instantané.

Noir et blanc

PÉRIODE DE PLANTATION : automne

Composition
1 cornouiller
2 perce-neige
3 Ophiopogon planiscapus

Grand pot très profond

Le cornouiller (*Cornus*) révèle les couleurs vives de ses tiges quand les feuilles tombent en automne. Ici, il occupe la position centrale, entouré de perce-neige et de *Ophiopogon planiscapus*. Cette variété arbore une écorce vert tilleul, mais vous trouverez également des cornouillers à écorce rouge ou noire. Pour intensifier la coloration des tiges, rabattez-les à quelques yeux au-dessus de la base en hiver.

L'une des premières fleurs de l'année, le perce-neige (*Galanthus*) est toujours la bienvenue. Contrairement aux autres bulbes, il est préférable de ne pas planter des bulbes secs en automne mais de déterrer des plantes en végétation car elles s'établiront bien mieux ainsi. Quand elles auront formé des touffes compactes, divisez les bulbes et replantez-les individuellement.

Peu de plantes sont d'un noir aussi parfait que *Ophiopogon planiscapus* 'Nigrescens' qui contraste superbement avec les couleurs claires du cornouiller et du perce-neige de cette composition. Par son feuillage persistant, cette plante resplendit toute l'année. Elle s'étalera progressivement et couvrira le pot entier de ses feuilles couleur d'encre.

CONSEIL

Cette composition est une excellente décoration permanente car elle gagne en beauté au fur et à mesure que les plantes se développent. Associez un cornouiller à feuillage panaché, tel que *Cornus alba* 'Sibirica Variegata', à des plantes à massif ou des bulbes pour une potée colorée tout au long de l'année.

Flambée d'hiver

PÉRIODE DE PLANTATION : automne

Composition
1 cornouiller
1 fougère
1 Skimmia

Grand pot profond

Les tiges vivement colorées du cornouiller introduisent une touche incandescente dans un jardin automnal et conservent la vedette jusqu'au redémarrage de la végétation au printemps. Ce *Cornus* 'Winter Beauty' est une variété à tiges orange, mais il existe également des variétés à tiges rouges, vertes ou noires. Toutes produiront une profusion de nouvelles tiges si vous les rabattez à quelques yeux au-dessus du pied en fin d'hiver.

Optez pour une fougère persistante qui gardera belle allure tout l'hiver. Il existe de multiples variétés dans le commerce et toutes peuvent être replantées en pleine terre après leur vie en pot. La plupart prospèrent en situation ombragée et fraîche et tire profit d'un paillis épais de compost ou d'humus qui aidera à conserver l'humidité du sol.

Skimmia japonica subsp. *reevesiana* est un élément de choix dans une potée hivernale car ses fruits rouge vif durent des mois d'affilée et le spectacle continue au printemps avec des fleurs blanches parfumées. Ne l'assoiffez pas sous peine que ses feuilles virent au jaune. Plantez *Skimmia* dans un terreau acide ou appliquez régulièrement un engrais pour azalées qui évitera que ses feuilles virent du vert profond au jaune pâle.

CONSEIL

Éparpillez des pommes de pin sur le pourtour du pot pour apporter de la texture à cette composition et masquer le terreau un peu triste.

Méli-mélo hivernal

PÉRIODE DE PLANTATION : automne

Composition
1 Skimmia japonica
1 lierre
1 heuchère
1 fusain

Grand pot

Skimmia japonica 'Rubella' est une forme compacte prisée pour son feuillage persistant et les boutons floraux rouge foncé dont elle se pare en automne et en hiver. Elle tient une place de choix dans cette composition et la justifiera largement au printemps quand elle se couvrira de fleurs blanches parfumées. Vous pourrez ensuite la replanter dans un coin ombragé du jardin ; elle prospérera dans un sol frais mais bien drainé, de préférence acide.

Extrêmement résistant, le lierre (*Hedera*) est idéal pour masquer le bord d'un pot de ses tiges rampantes en toute saison. Le choix des couleurs, des formes et des tailles de feuilles est très vaste. Toutes les variétés sont faciles à multiplier par bouturage.

Faites votre choix entre les multiples variétés d'heuchère (*Heuchera*) proposées en jardinerie. La présente variété a un feuillage pourpre profond qui s'accorde bien avec la teinte des boutons de *Skimmia*. Parfaitement adaptées à la culture en pot, les heuchères sont d'excellents couvre-sols en plate-bande et prospèrent en situation ensoleillée ou légèrement ombragée.

Plante à feuillage décoratif précieuse en toutes saisons, le fusain (*Euonymus fortunei*) offre de multiples variétés de panachures blanches ou jaunes. Dans cette composition, il contrebalance le lierre de l'autre côté du pot.

CONSEIL

Si vous souhaitez une composition un peu plus colorée, plantez quelques bulbes à floraison printanière, comme des narcisses nains, devant la *Skimmia*.

Délicates rosettes

PÉRIODE DE PLANTATION : toute saison

Composition
1 Aeonium arboreum
1 joubarbe toile d'araignée
1 Echeveria elegans

Petite jardinière

Aeonium arboreum est une succulente qui introduit une note verticale dans cette jardinière. Le cultivar 'Zwartkop', littéralement « tête noire », connaît une grande popularité depuis quelques années pour ses feuilles, vertes au stade juvénile et qui se colorent avec le temps. En hiver, cette potée donnera le meilleur d'elle-même dans une pièce fraîche à l'intérieur.

Contrairement aux deux autres succulentes, la joubarbe peut vivre en extérieur toute l'année, bien qu'elle ne supporte pas une trop forte humidité, notamment en hiver. Si vous ne pouvez vous procurer *Sempervivum arachnoideum* aux feuilles argentées couvertes de fil blanc, vous aurez le choix entre de nombreuses autres variétés. Toutes prospèrent en pot car elles supportent très bien la sécheresse.

Echeveria elegans est une belle plante originaire du Mexique, qui forme des rosettes de feuilles vert bleuté et qui s'étale progressivement pour former un coussin dense. Au printemps, elle offre en prime des fleurs originales rose orangé. Vous avez le choix entre de multiples variétés, des feuillages bronze foncé à blanc grisâtre. Cette plante devra également être rentrée pendant les mois d'hiver.

CONSEIL

Couvrez le terreau de galets afin d'améliorer le drainage et de créer un style naturel.

Les trois grâces

PÉRIODE DE PLANTATION : toute saison

Composition
1 cheveux d'ange
1 Carex
3 fétuques glauques

Grand pot

Douce et soyeuse au toucher, *Stipa tenuissima* ondule et s'enfle gracieusement au moindre souffle d'air. En hiver, les feuilles et les inflorescences fanées de cette belle graminée ont l'aspect de la paille. Pour que de jeunes pousses repartent de plus belle, rabattez toute la plante au ras du sol en fin d'hiver.

Carex comans est très prisée pour ses feuilles filiformes brun rougeâtre, mais aussi parce qu'elle reste spectaculaire en hiver. Ses feuilles sont légèrement rugueuses au toucher ; il est donc déconseillé de les caresser, aussi tentant cela soit-il. Supprimez les feuilles défraîchies au printemps ou en été pour rendre toute sa fraîcheur à la plante.

La fétuque glauque est une graminée à feuilles rigides bleu argenté qui rappellent le porc-épic. Il existe une multitude de variétés, mais pour une coloration fiable, privilégiez une variété comme *Festuca glauca* 'Elijah Blue'. Persistante, elle conserve sa couleur tout l'hiver. Coupez les feuilles au fur et à mesure qu'elles dépérissent.

CONSEIL

Placez ce pot en plein soleil pour le plus grand bonheur de ces plantes, mais elles supportent également une ombre légère.

Dégradé de couleur

PÉRIODE DE PLANTATION : toute saison

Composition
1 eulalie
1 Koeleria glauca
3 Ophiopogon planiscapus

Grand pot profond

Prisée pour ses remarquables feuilles vert et blanc, l'eulalie *Miscanthus sinensis* 'Variegatus' domine majestueusement les autres plantes et apporte une dimension verticale à cette potée. Rabattez les tiges défraîchies au début du printemps pour encourager l'apparition de nouvelles pousses. Cette eulalie deviendra assez volumineuse si vous lui en laissez le loisir, mais il est facile de la contrôler en la divisant et en la replantant à chaque printemps.

Le principal attrait de *Koeleria glauca* est son feuillage vert bleuté, doux au toucher. Cette graminée qui forme une boule compacte offre des inflorescences plumeuses au printemps qui virent au chamois à l'approche de l'hiver. Retirez toutes les feuilles fanées au printemps.

Extrêmement résistant, *Ophiopogon planiscapus* 'Nigrescens' prospère à peu près n'importe où et ses feuilles quasiment noires contrastent fortement avec ses petites fleurs blanc rosâtre en été, ainsi qu'avec toutes les feuilles ou les fleurs de couleur claire avoisinantes. La variété panachée d'argent, *Ophiopogon planiscapus* 'Variegatus', mérite aussi sa place dans une potée.

CONSEIL

Choisissez pour cette composition un pot en hauteur qui fera écho à la verticalité de l'eulalie.

Clair-obscur

PÉRIODE DE PLANTATION : toute saison

Composition
2 Aspidistra
5 Ophiopogon planiscapus

Grand pot profond

Rapportée de Chine en 1824, et devenue une plante d'intérieur classique à la fin du XIXe siècle, *Aspidistra elatior* était quelque peu tombée en désuétude. Elle connaît aujourd'hui un regain de popularité pour son feuillage spectaculaire, luisant et coriace, qui se développe au mieux à mi-ombre. Dans quelques zones abritées, elle peut survivre en extérieur toute l'année mais, en règle générale, il est préférable de la rentrer pour l'hiver. Recherchez la forme panachée, à feuilles rayées de blanc.

Ses feuilles noires comme du jais font l'originalité de *Ophiopogon planiscapus* 'Nigrescens'. Cette graminée étalée offre un superbe feuillage décoratif, en pot comme en plate-bande. Plantée ici au pied de *Aspidistra*, elle contraste élégamment avec le contenant blanc et adoucit ses bords.

Si les plantes deviennent trop touffues, déterrez-les et divisez-les en petits fragments.

CONSEIL

Pour une touche décalée, nous avons utilisé un ancien réservoir de chasse d'eau comme cache-pot. Furetez dans les brocantes et les boutiques de récupération – ce sont des mines d'accessoires originaux qui ajouteront une note personnelle à votre jardin.

Nuances de bleu

PÉRIODE DE PLANTATION : toute saison

Composition
1 Astelia
2 Ophiopogon planiscapus
2 pensées

Grand pot

Les *Astelia*, originaires de Nouvelle-Zélande, comptent parmi les plantes à feuillage décoratif les plus séduisantes ; leurs belles feuilles rayées d'argent occupent ici la position centrale. De nature frileuse, elles doivent être protégées du froid en hiver. L'*Astelia* se développe progressivement et forme une touffe dense de feuilles arquées.

Les feuilles argentées de l'*Astelia* mettent en valeur le noir d'encre des feuilles d'*Ophiopogon planiscapus* 'Nigrescens' (au premier plan). Si vous laissez celle-ci croître à son gré, elle s'étalera lentement et couvrira tout le pot.

Faciles à se procurer en toutes saisons, les pensées (*Viola*) fleurissent généreusement en été comme en hiver. Supprimez les fleurs dès qu'elles sont fanées pour stimuler leur renouvellement. Quand ces plantes ont fait leur temps, remplacez-les tout simplement.

CONSEIL

Si vous ne disposez pas de pot coloré, *Ophiopogon planiscapus* 'Nigrescens' ressortira superbement sur un tapis de billes de verre bleues ou de gravier de couleur claire.

Tonneau forestier

PÉRIODE DE PLANTATION : toute saison

Composition
1 bouleau
3 aspidies à cils raides
3 heuchères

Grand pot large ou tonneau en bois
Terre humifère

La belle écorce et le feuillage délicat du bouleau (*Betula utilis*) en font un point de mire idéal dans un pot ; il procure de surcroît une ombre diffuse bien agréable. À l'achat, vous pouvez opter pour un arbre jeune dont l'écorce blanchira au bout de quelques années ou pour un sujet plus âgé dont l'écorce est déjà blanche mais qui sera nettement plus coûteux.

Bien qu'originaire de bois humides, la belle aspidie à cils raides (*Polystichum setiferum*) est une fougère qui supporte bien les conditions sèches, ce qui la prédispose à la culture en pot. Persistante, elle conserve son charme tout au long de l'année et se marie merveilleusement avec les feuilles persistantes de l'heuchère.

Cette composition est complétée par *Heuchera cylindrica* 'Greenfinch' au feuillage vert argenté, splendide entre les frondes des fougères. Mais il existe de très nombreuses variétés d'heuchères aux feuillages allant du bronze au pourpre, en passant par le vert et le jaune. Toutes offrent des fleurs ravissantes sur de longues hampes, au printemps.

CONSEIL

Emplissez le tonneau de terre humifère qui fournira plus de poids et de stabilité qu'un terreau léger à base de tourbe, et restera nourrissant plus longtemps.

Magie métallique

PÉRIODE DE PLANTATION : toute saison

Composition
3 bambous
1 Uncinia rubra

Grand bac noir ou autre pot de style moderne

Fargesia rufa est un gracieux bambou en touffe à port retombant, originaire de Chine. Il arbore de merveilleuses feuilles longues et larges, couvertes d'une poudre blanchâtre au début de leur croissance. Elles opposent un beau contraste aux feuilles étroites d'*Uncinia rubra*. Ces deux plantes apprécient les sols frais ; veillez donc à les arroser régulièrement. Placez le pot dans un endroit abrité afin que les vents froids n'abîment pas ces sujets. Gardez à l'esprit que ce bambou, sans être un géant, peut tout de même atteindre 3 m de haut.

Les feuilles brun roux foncé d'*Uncinia rubra*, une belle graminée qui nous vient de Nouvelle-Zélande, forment un tapis touffu au pied des bambous. Les couleurs sont plus intenses de l'automne au printemps.

CONSEIL

Éparpillez de gros galets noirs sur le terreau – outre l'aspect esthétique, cette couverture minérale permettra de garder les racines des plantes au frais.

Brise marine

PÉRIODE DE PLANTATION : toute saison

Composition
2 euphorbes de Corse
2 fétuques glauques

Petite jardinière

Persistante sous-estimée, l'euphorbe de Corse (*Euphorbia myrsinites*) peut être la vedette idéale d'une potée. Son port prostré, ses feuilles succulentes gris bleuté et ses étranges fleurs jaune verdâtre valent le détour. Les fleurs s'épanouissent au printemps et sont suivies par de jolis fruits en été. Comme la fétuque glauque, elle est très rustique et garde sa belle allure tout au long de l'année.

Les graminées sont des plantes indispensables car beaucoup sont magnifiques. La fétuque glauque, qui forme une touffe compacte de feuilles dressées persistantes, est parfaite en pot. Le feuillage est d'un bleu acier qui rappelle les plantes des bords de mer. Recherchez *Festuca glauca* 'Elijah Blue' qui est l'une des meilleures variétés.

CONSEIL

Placez ce pot dans un endroit chaud, orienté au sud, car l'ensemble de ces plantes aiment le soleil et supportent bien la sécheresse. Évitez que la potée ne soit à la portée de jeunes enfants : le latex qui s'écoule à la cassure des feuilles d'euphorbes est toxique.

Sobre et sophistiquée

PÉRIODE DE PLANTATION : toute saison

Composition
1 scabieuse
1 Heucherella

Jardinière

Cette scabieuse à fleurs pourpres (*Scabiosa atropurpurea* 'Chile Black') est merveilleuse en position centrale, dominant une masse de feuillage sombre. Cette plante, bien que vivace, est quasiment impossible à maintenir en hiver, mais elle peut être multipliée à partir de boutures prélevées au début du printemps. Si vous ne pouvez vous procurer cette scabieuse en jardinerie, remplacez-la par un cosmos chocolat (*Cosmos atrosanguineus*), plus courant.

Les heuchères (*Heuchera*) et les × *Heucherella* (hybrides intergénériques de *Heuchera* et *Tiarella*), sont idéales en pot car elles proposent de magnifiques teintes foliaires. La présente variété × *Heucherella* 'Burnished Bronze' forme une jolie touffe à chaque extrémité du bac. Une heuchère fera parfaitement l'affaire si vous ne trouvez pas cette plante en jardinerie.

CONSEIL

Cette composition sera du plus bel effet quel que soit le contenant, mais une jardinière de teinte sombre en harmonie avec cette association sobre de plantes foncées est le summum du raffinement.

Fibres optiques

PÉRIODE DE PLANTATION : toute saison

Composition
1 Dasylirion acrotrichum

Grand pot en métal
Terreau pour cactées

Dans cette potée, le minimalisme est clairement un plus. Les feuilles bordées d'épines de *Dasylirion acrotrichum* créent un effet visuel par elles-mêmes, sans besoin de faire-valoir. Un peu à la façon de fibres optiques naturelles, ses feuilles dressées sont spectaculairement mises en valeur par la lumière qui filtre à travers elles, et notamment quand le soleil éclaire de l'arrière ses extrémités fibreuses délicates.

Originaire du Mexique et du Texas, *Dasylirion* prospère au soleil dans un sol bien drainé, mais elle est étonnamment rustique en hiver si elle est située dans un endroit abrité. Elle supporte toutefois mal une forte humidité, donc ne l'arrosez pas trop et procurez-lui une bonne aération. Si possible, surélevez le pot en hiver afin que les racines ne baignent pas dans un terreau détrempé.

CONSEIL

Un paillis de gravier ou de galets conférera un aspect propre et net à la surface du terreau ; des galets en verre transparent peuvent aussi accentuer l'effet lumineux.

Chic et classique

PÉRIODE DE PLANTATION : toute saison

Composition
1 myrte
2 campanules

Petite jardinière

Si le buis (*Buxus*) est une excellente plante de potée, d'autres espèces peuvent également être taillées à votre convenance. Le myrte (ici *Myrtus communis* 'Tarentina') est un arbuste persistant à feuilles aromatiques dont les charmantes fleurs blanches s'épanouissent au printemps. Une azalée persistante est également une bonne alternative. Rabattez le myrte au printemps et pratiquez une taille de nettoyage après la floraison.

Les *Campanula portenschlagiana* encadrent le myrte et créeront un nuage de fleurs lavande de juin à août. Le mélange de naturel et de structure fonctionne parfaitement bien dans cette composition, car les campanules se répandent par-dessus le bord du pot et escaladent la structure rigide du myrte. Elles vont s'étaler avec vigueur ; il vous faudra donc rabattre les tiges pour contrôler leur développement.

CONSEIL

Le myrte est assez rustique quand il est placé près d'un mur protecteur et qu'il jouit d'un bon drainage. Toutefois, dans les régions particulièrement froides, prenez la précaution de tapisser la jardinière de polystyrène pour l'isoler.

Ambiance japonaise

PÉRIODE DE PLANTATION : toute saison

Composition
1 érable du Japon
4 bugles

Bac carré profond

Acer palmatum 'Dissectum' offre des feuilles très finement découpées, mais ce n'est qu'un exemple de la gamme fantastique de formes et de couleurs foliaires que peut offrir cette espèce (il en existe plus de 300 cultivars). Les érables du Japon ont une croissance assez rapide et peuvent atteindre 6 ou 7 m à l'état sauvage, mais la forme 'Dissectum' ne dépasse pas 2 m ; choisissez donc une plante de petite taille. Ces érables supportent mal d'être exposés en plein soleil ; placez donc le pot dans un endroit abrité.

Superbe plante à port rampant, le bugle (*Ajuga*) ne tarde pas à couvrir la surface du terreau de ses feuilles colorées. Au printemps et au début de l'été, il affiche des fleurs bleu foncé. Optez pour un cultivar rampant et multicolore comme 'Burgundy Glow'. Il existe également des variétés pourpres et panachées. Si ces plantes prennent trop d'ampleur, il vous suffira de tailler.

CONSEIL

Le secret de la réussite de cette potée réside dans un terreau riche en humus, qui conserve sa structure et les éléments nutritifs, et dans un arrosage régulier au printemps et en été.

Bambous insolites

PÉRIODE DE PLANTATION : toute saison

Composition
1 thym laineux
2 joubarbes

Cannes de bambou géant ou pots étroits et profonds

Cousin à feuilles poilues du thym commun, le thym laineux (*Thymus pseudolanuginosus*) forme un tapis mince qui s'étale rapidement et couvre le terreau, puis tombe le long du contenant. Cette plante de rocaille doit être exposée au soleil et requiert un bon drainage que ce pot original – une canne creuse de bambou géant – lui fournit. Si elle prend une allure négligée, taillez-la légèrement.

La culture des joubarbes (*Sempervivum*) est vraiment facile en situation ensoleillée dans un sol bien drainé. Vous trouverez une gamme étonnante de variétés dans des tons de vert, rouge et pourpre. Chez la joubarbe à toile d'araignée (*Sempervivum arachnoideum*), les feuilles sont même couvertes de fils blancs soyeux qui évoquent à s'y méprendre une toile d'araignée.

CONSEIL

Les cannes de bambou géant constituent des contenants insolites pour des vivaces à port bas ou rampant. Vous les trouverez dans la plupart des jardineries ; coupez-les à la hauteur qui vous convient.

Or et bronze

PÉRIODE DE PLANTATION : printemps

Composition
4 laitues
à feuilles rouges
ou bronze
2 tournesol nain
1 Suzanne
aux yeux noirs

Grand pot

Les laitues (*Lactuca*) sont la base de cette composition ; elles comptent parmi les légumes les plus décoratifs à planter avec des fleurs, car leurs feuilles sont très colorées et séduisantes. Les variétés 'Feuille de chêne' rouges 'Sirmai' ou 'Grenadine', ou la laitue pommée 'Rougette de Montpellier' peuvent convenir.

Les tournesols (*Helianthus*) nains apportent verticalité et couleur à l'arrière de la potée. Semez deux graines dans un pot au printemps, puis supprimez la plantule la plus faible pour que l'autre dispose de tout l'espace nécessaire à son développement. Mais vous pouvez aussi bien choisir d'acheter une plante prête à être repiquée en début d'été.

La Suzanne aux yeux noirs (*Thunbergia alata*) est une rampante qui tombe en cascade sur le devant du pot. Semez en terrine et placez celle-ci sur un rebord de fenêtre. Gardez les plantules dans un endroit chaud et aéré jusqu'à ce qu'elles soient de taille à être manipulées et repiquées en godets individuels.

CONSEIL

Vous pouvez consommer la salade sans abîmer la composition en coupant quelques feuilles au fur et à mesure de vos besoins.

Salade colorée

PÉRIODE DE PLANTATION : printemps

Composition
2 laitues feuille de chêne rouges
1 tomate naine
3 capucines
2 haricots d'Espagne nains
3 liserons bleus

3 Tuteurs en spirale
Grand pot large

Deux laitues à couper, comme *Lactuca sativa* 'Red Salad Bowl', créent un volume au centre du pot. Vous pouvez couper les feuilles une à une et ne risquez donc pas de faire des trous dans la composition pour la déguster. Parmi les autres variétés intéressantes, citons 'Lollo Rossa'.

Il est très simple de semer des tomates au printemps, mais vous pouvez également acheter un plant en jardinerie. Les variétés naines, comme *Lycopersicon* 'Tumbler', sont parfaites pour cette potée car elles prennent peu de place à côté des laitues et leurs fruits délicieux retombent par-dessus le bord du pot.

Les feuilles de capucine (*Tropaeolum*) ont une saveur poivrée et les fleurs ajoutent une touche colorée aux salades. Semez les grosses graines en godets individuels au printemps et répartissez quelques plantes sur un côté du pot. Surveillez la piéride du chou qui risque d'attaquer la plante et de dévorer toutes les feuilles.

Les haricots d'Espagne nains, tel *Phaseolus coccineus* 'Hestia', prospèrent en pot. Semez-les en godets individuels au printemps et replantez-les au milieu du pot.

La seule plante de cette composition qui n'est pas comestible est le liseron bleu (*Ipomoea*) qui apporte une touche ornementale. La capucine des canaris (*Tropaeolum peregrinum*) ou le pois de senteur (*Lathyrus odoratus*) sont de charmantes alternatives.

CONSEIL

Plantez les tuteurs au centre du pot et laissez grimper les haricots et les liserons qui apporteront une dimension verticale.

Courgette du soleil

PÉRIODE DE PLANTATION : printemps

Composition
1 pied de cheveux d'ange
1 courgette jaune
6 rudbéckias nains

Pot large

Les feuilles fines et aériennes de cheveux d'ange (*Stipa tenuissima*), au centre de la composition, sont douces au toucher et leur caresse est relaxante. Cette vivace apporte une note verticale et pourra être replantée dans le jardin en situation ensoleillée. Achetez de jeunes plantes ou semez au printemps.

Semez les courgettes jaunes, comme *Cucurbita pepo* 'Golden Dawn III' ou 'Sebring F1', en godets individuels sous abri, en avril ou mai. Le stade idéal pour la cueillette des courgettes est lorsqu'elles atteignent 15 à 20 cm de long. Cueillez-les régulièrement pour encourager une nouvelle fructification.

Les rudbéckias nains à fleurs jaunes constituent l'essentiel de cette potée. Semez une variété comme 'Toto' au printemps ou achetez de jeunes plants en jardinerie en mai. Supprimez régulièrement les fleurs fanées : pincez au niveau du bouton floral situé plus bas sur la tige. La floraison sera ainsi relancée.

CONSEIL

Appliquez un engrais pour tomates riche en potassium au cours de la saison de végétation. Toutes les plantes en tireront profit mais, plus important encore, cela stimulera la fructification de la courgette.

Herbes et fleurs

PÉRIODE DE PLANTATION : printemps

Composition
1 fenouil amer
1 lavande vraie
1 sauge commune
5 bleuets
5 nigelles de Damas

Grand pot

Les hautes tiges du fenouil s'ornent de belles ombelles de fleurs jaunes en été ; ses feuilles ajoutent une subtile saveur anisée aux plats de poisson et de viande. Le feuillage pourpre bronze de *Foeniculum vulgare* 'Purpurascens' est un atout séduisant des compositions ornementales.

Dépourvue d'intérêt culinaire, la lavande est néanmoins une herbe appréciée pour le parfum de ses fleurs et de ses feuilles qui fait merveille dans les pots-pourris. *Lavandula angustifolia* 'Hidcote' forme un buisson compact de 60 cm de haut. Elle peut être remplacée par le thym panaché 'Silver Posie'.

Surtout connue sous sa forme vert uni, la sauge offre diverses variétés, dont *Salvia officinalis* 'Icterina' au feuillage panaché d'or. Elle est tout aussi parfumée et précieuse dans les recettes à base de porc.

Le bleu intense du bleuet est rarement égalé. La variété *Centaurea cyanus* 'Blue Ball' est parfaite dans cette composition car elle ne dépasse pas 30 cm de haut.

Plus souvent vedette des plates-bandes, la nigelle de Damas (*Nigella damascena* 'Miss Jekyll') est aussi parfaitement adaptée à la culture en pot. Les fleurs bleu pâle sont suivies de capsules de graines décoratives, du plus bel effet dans les bouquets de fleurs séchées.

CONSEIL

Semez les bleuets et les nigelles de Damas dans des godets en fibre biodégradable, entre fin mars et début mai, puis replantez le tout, godets et plantes, dans le contenant quand les jeunes sujets commencent à s'étoffer.

Éclat de rubis

PÉRIODE DE PLANTATION : printemps

Composition
2 poirées à carde rouge
2 capucines
3 Pratia

Grande jardinière ou auge en pierre

Les couleurs des côtes de la poirée (ou bette) à carde sont particulièrement spectaculaires dans la lumière du soleil. Les feuilles, bouillies quelques minutes ou cuites à la vapeur, remplacent agréablement l'épinard. Optez pour une variété rouge nommée 'Charlotte', mais 'Bright Lights' offre une alternative séduisante car elle donne des plantes à cardes jaunes, blanches, orange ou roses.

Les feuilles de capucine (*Tropaeolum*) ont une saveur poivrée et relèvent délicieusement les salades. Les fleurs, aux couleurs éclatantes, sont également comestibles. Ces plantes se développent facilement par semis en godets de fibre. Inutile de dépoter les plantules pour les repiquer, car ces godets se décomposeront progressivement et laisseront les racines se développer librement.

Non comestible mais décorative, *Pratia pedunculata* est une vivace tapissante qui couvrira rapidement le terreau au pied des autres plantes et offrira une succession de fleurs étoilées bleu foncé. Les *Pratia* sont en vente dans les jardineries, mais si vous avez du mal à les trouver, remplacez-les par des bugles (*Ajuga*) à feuillage coloré ou par des verveines (*Verbena*) à fleurs pourpres.

CONSEIL

Une auge en pierre est le contenant idéal pour fournir aux plantes de cette composition tout l'espace nécessaire à leur étalement, mais une grande jardinière ou tout autre grand bac fera également l'affaire.

Une place au soleil

PÉRIODE DE PLANTATION : printemps

Composition
2 sauges rouges
1 fenouil
1 thym

Jardinière

Doublez la sauge pourpre dans cette composition car elle est une merveilleuse plante de potée ; ses feuilles aromatiques dans les tons pourprés puis gris ont une saveur délicieuse. Vous pouvez les utiliser fraîches ou les laisser sécher et les conserver dans un récipient hermétique.

Même s'il devient trop volumineux pour la jardinière en l'espace de deux ans, le fenouil *Foeniculum vulgare* 'Purpurascens' mérite sa place dans cette composition pour son feuillage pourpre bronze finement découpé et ses fleurs jaunes. Plantez-le au centre du pot où il sera l'élément phare et apportera une note verticale. Ces plantes se ressèment spontanément et généreusement ; ne soyez donc pas surpris si de jeunes plantes apparaissent mystérieusement dans les environs de votre potée.

Un thym compact, au pied du fenouil, complète la composition. Ses feuilles aromatiques parfument subtilement nombre de recettes, notamment à base de poulet. Faites votre choix, entre la variété commune à feuillage vert uni et les variétés à feuilles marginées d'argent ou de jaune d'or. Elles sont aussi savoureuses les unes que les autres.

CONSEIL

Les herbes aromatiques prospèrent pour la plupart au soleil et dans un sol bien drainé, en particulier la sauge ; ajoutez donc du gravier dans le terreau avant de planter et placez le pot dans un endroit ensoleillé.

Fraise à la crème

PÉRIODE DE PLANTATION : printemps

Composition
3 fraisiers des bois
2 vergerettes

Grande suspension murale

Plus petit et d'aspect plus délicat que le fraisier commun, le fraisier des bois (*Fragaria vesca*) offre une flaveur exquise absolument unique. Il peut être multiplié à partir de stolons comme le fraisier commun ou simplement semé au printemps. Un apport d'engrais pour tomates stimulera la fructification. Pour empêcher les limaces de manger vos fruits, répandez des cendres au pied de vos fraisiers.

La vergerette (*Erigeron*), que l'on rencontre fréquemment dans les interstices des dallages, se couvre tout au long de l'été de ravissantes fleurs capitulées proches de la pâquerette de nos pelouses. Les pétales blancs teintés de rose d'*Erigeron karvinskianus* foncent progressivement jusqu'au pourpre avec le temps, ce qui crée un séduisant effet multicolore, avec des fleurs blanches, roses et pourpres sur le même pied. Rabattez sévèrement les plantes en automne afin qu'elles conservent un aspect soigné.

CONSEIL

Essayez de planter des fraisiers des bois et des vergerettes dans les interstices d'un mur. Ils seront tout aussi décoratifs et la cueillette sera plus facile qu'au ras du sol.

Thym frais & lumineux

PÉRIODE DE PLANTATION : toute saison

Composition
4 thyms

Jardinière

Le nombre de variétés de thym est étonnant. Si le thym commun (*Thymus vulgaris*) affiche un feuillage vert uni, d'autres variétés offrent un feuillage joliment marqué de blanc argenté comme *Thymus* × *citriodorus* 'Silver Queen', de jaune telle 'Bertram Anderson' ou d'argent comme 'Silver Posie'. Toutes se couvrent de fleurs, violacées, roses ou blanches, en fin de printemps et au début de l'été, et parfument délicieusement les plats que vous cuisinez. Certains cultivars forment des tapis alors que d'autres ont un port plus buissonnant.

Après la floraison, ces plantes vigoureuses peuvent être rabattues afin de limiter leur ampleur et pour encourager un port buissonnant. Le thym est facile à multiplier à partir de boutures prélevées durant l'été qui s'enracineront aisément dans un terreau graveleux.

Le thym est un hôte précieux dans un jardin écologique car ses fleurs estivales attirent les abeilles.

CONSEIL

Vous pouvez vous contenter de deux variétés de thym dans cette jardinière ou mélanger plusieurs cultivars pour obtenir un effet patchwork.

Index

Crédits photographiques

L'éditeur remercie les personnes suivantes pour l'avoir autorisé à reproduire leurs photographies. En dépit de tous ses efforts pour lister les copyrights, l'éditeur présente par avance ses excuses pour d'éventuels oublis ou erreurs, et s'engage à en faire la correction dès la première réimpression du présent ouvrage.

Mark Bolton p. 63, p. 65, p. 71, p. 73, p. 75, p. 79, p. 81, p. 141, p. 165, p. 197, p. 199, p. 201, p. 203; Jonathan Buckley p. 15, p. 17, p. 19, p. 21; Torie Chugg p. 67, p. 69, p. 121, p. 123, p. 125, p. 127, p. 129, p. 131, p. 133, p. 135, p. 177; Paul Debois p. 23, p. 137; Caroline Hughes p. 179, p. 181, p. 183; Stephen Marwood p. 11, p. 13, p. 49, p. 51, p. 55, p. 83, p. 85, p. 87, p. 91, p. 93, p. 95, p. 97, p. 99, p. 161, p. 163, p. 185, p. 187, p. 191, p. 207; Ben Murphy p. 39, p. 45, p. 47, p. 53, p. 57, p. 59, p. 89, p. 155, p. 189; Freia Turland/Dig Pictures p. 25, p. 27, p. 29, p. 31, p. 33, p. 35, p. 37, p. 41, p. 43, p. 61, p. 101, p. 105, p. 107, p. 109, p. 111, p. 113, p. 115, p. 117, p. 119, p. 139, p. 143, p. 145, p. 147, p. 149, p. 151, p. 153, p. 167, p. 169, p. 171, p. 173, p. 175, p. 193, p. 195, p. 205, p. 207, p. 209, p. 211; William Shaw p. 157, p. 159.

Imprimé en Espagne par Cayfosa, Barcelone
Dépôt légal : février 2011 – 306570/01 – 11014014 janvier 2011